教育部人文社会科学一般项目（17XJC790005）
中国博士后科学基金面上项目（2017M613170）
陕西省软科学计划一般项目（2017KRM078）
陕西省教育厅项目（17JK0565）的资助

中国货币政策效应的实证研究

李祥发　著

中国财经出版传媒集团

经济科学出版社
Economic Science Press

图书在版编目（CIP）数据

中国货币政策效应的实证研究/李祥发著 . —北京：
经济科学出版社，2018.2
ISBN 978 - 7 - 5141 - 9060 - 1

Ⅰ.①中…　Ⅱ.①李…　Ⅲ.①货币政策 – 研究 –
中国　Ⅳ.①F822.0

中国版本图书馆 CIP 数据核字（2018）第 037220 号

责任编辑：刘　莎　赵　岩
责任校对：隗立娜
责任印制：邱　天

中国货币政策效应的实证研究

李祥发　著

经济科学出版社出版、发行　新华书店经销
社址：北京市海淀区阜成路甲 28 号　邮编：100142
总编部电话：010 - 88191217　发行部电话：010 - 88191522
网址：www. esp. com. cn
电子邮箱：esp@ esp. com. cn
天猫网店：经济科学出版社旗舰店
网址：http：//jjkxcbs. tmall. com
固安华明印业有限公司印装
710 ×1000　16 开　12.5 印张　210000 字
2018 年 4 月第 1 版　2018 年 4 月第 1 次印刷
ISBN 978 - 7 - 5141 - 9060 - 1　定价：43.00 元
（图书出现印装问题，本社负责调换。电话：010 - 88191510）
（版权所有　侵权必究　举报电话：010 - 88191586
电子邮箱：dbts@ esp. com. cn）

前　言

进入 21 世纪以来，我国经济运行并不平稳，特别是次贷危机后，在多个方面面临严峻的挑战。当今我国经济运行已进入新常态，货币政策作为宏观调控的重要工具，对经济发展起着日益重要的作用，有关货币政策效应的理论和实证问题也因此受到了学者和货币政策当局极大的关注。

在此背景下，本书的重点在于综合我国经济金融因素，注重经济主体在货币政策传导中的作用，首先应用动态随机一般均衡（DSGE）模型，研究我国货币政策对实际产出、价格水平、固定资产投资等观测变量的效应，并在此基础上应用时变参数模型，从经济周期视角研究我国货币政策效应的时变特征，以及经济基本面间存在的结构性变化和风险传染、周期联动等对我国货币政策效应的影响；其次，检验我国货币政策通过风险承担渠道对信贷余额产生的效应；最后，检验不同中介目标对最终目标的效应，比较分析不同中介目标效应的有效性、强度和持续时间的差异。

本书的创新之处在于：

第一，为分析我国货币政策对实际产出等观测变量的效应，将企业对股权融资和债权融资的内生选择、金融摩擦和信贷市场的冲击等金融因素，引入构建的含有银行部门等经济主体的 DSGE 模型，使之更符合我国现实经济的运行；本书还开创性的将银行间拆借利率通过银行内部转移定价与银行间债券回购利率、存贷款利率建立联系，为定量分析以银行间拆借利率为中介目标的货币政策效应提供了一个可行的理论框架。就分析结果而言，由贝叶斯估计得到的模型不仅能够很好地匹配观测变量的数据特征，且从多个指标对模型有效性的检验证实了模型具有较高的可信度，并给出了我国货币政策对实际产出等观测变量的脉冲响应、方差分解及其历史影响程度和方向。

第二，从经济周期视角分析我国货币政策效应的时变特征时，首先应用时变增广向量自回归（TVFAVAR）模型，通过主成分分析方法将宏观经济和金融市场的整体信息纳入模型，应用卡尔曼滤波估计方法，实证检验了我国货币政策效应的时变特征，以及经济基本面间存在的结构性变化和风险传染对我国货币政策效应的影响；在此基础上，通过在马尔科夫区制转换模型中引入时变平滑的区制转换函数，研究了我国货币政策对宏观经济核心变量的时变平滑区制非对称效应，这一拓展将区制转换由随机跳跃间断修正为时变平滑的转换过程，使之与货币政策的效应在不同区制内是一个逐渐变化的过程相适应。

第三，从传导渠道研究货币政策对信贷余额的效应时，通过放松已有理论模型的约束条件，将存款保险制度、贷款抵押制度和市场结构引入理论模型，充分考虑了货币政策向银行风险承担渠道的传导，可能会因银行的风险转移效应和组合配置效应具有相反的作用方向，而存在非对称性，进而从理论层面与实证层面，研究了我国货币政策向银行风险承担的传导，以及风险承担对信贷余额产生的影响。本研究有别于以往将金融机构视为一层面纱的简化处理或将研究仅局限于货币政策对金融机构风险承担的影响上，而是将研究的重心放在货币政策通过银行风险承担对信贷余额的影响上，从而使本研究涵盖一个较为完整的货币政策传导路径，这对剖析货币政策通过风险承担渠道影响我国经济，指导宏观审慎政策的制定和实施，具有重要意义。

第四，在动态随机一般均衡模型框架下推导出含有产出和通胀内生持续（前瞻后顾）的一般均衡模型系统，将用于宏观经济分析的模型系统推广到了更一般的形式，从根本上保证了宏观经济分析与微观经济分析的一致性，避免了模型结构设定和变量选择的随意性，且用于稳健性检验的 HTVPVAR 模型充分考虑了我国经济可能存在的结构性变化，以及非预期冲击带来的异方差性。检验结果显示，我国货币存在利率渠道效应，且相较于数量型货币政策，价格型货币政策对实际产出和价格水平的效应较稳定。

以上研究对提高我国货币政策的有效性，完善货币政策的传导机制，丰富货币政策效应的理论和研究方法，具有重要的理论价值和政策内涵。

在本书成稿之际，感谢我的老师、同事和家人给予的帮助，这使我的工作压力得以减轻并加快了撰写的进度。同时，感谢编辑部的老师不辞辛劳，多次沟通交流，她们的付出对本书的顺利出版至关重要。

李祥发

2018 年 2 月 6 日于西安

目 录
CONTENTS

|第1章|
绪　　论

1.1　选题背景

西方国家20世纪80~90年代成功控制了通胀以及货币经济学理论的发展均表明，中央银行可通过货币政策对宏观经济进行有效的调控（Woodford，2009）。就我国而言，伴随着我国中央银行制度不断巩固和完善，以及利率市场化的有序推进，货币政策在宏观调控中的作用和地位日渐凸显，已成为我国宏观调控的重要工具，促进经济增长和维护物价稳定需要货币政策发挥积极作用。

近年来，我国经济的运行并不平稳，货币政策在促进经济稳定发展方面发挥了重要的宏观调控作用。20世纪末，由于亚洲金融危机的影响，国民经济陷入低迷，为提振经济，我国实行了宽松的货币政策。在加入WTO的随后几年中，我国宏观经济经历了快速的发展，但2008年爆发的次贷危机，再次给我国经济造成了较大的冲击，GDP累计同比实际增速由2008年第一季度的11.3%下降到2009年第一季度的6.6%。为应对次贷危机给我国经济造成的不利影响，政府实施了宽松性的货币政策，宏观经济在政策的刺激下逐渐恢复，但通货膨胀也随之增加。我国经济在次贷危机后经历了短暂的复苏，随之又面临较大的下行压力，GDP累计同比实际增速由2010年第一季度的12.1%更是下降到2014年全年的7.4%，创下24年来新低①。面对经济较大的下行压力，

---

① 上述资料均来源于中经网统计数据库。

1

我国货币政策进行了新的调整和改变。从我国的实践经验来看，货币政策作为目前最具影响力与渗透性的调控政策，无论在平时还是危机时期都是中央银行进行宏观调控的重要工具，货币政策运行成功与否，直接决定了我国经济能否平稳、较快的发展。因此，对我国货币政策效应进行研究的意义毋庸置疑。

众多学者和货币政策当局一直以来都在对货币政策效应的有关问题进行研究和总结，本书也试图针对货币政策效应的某些问题进行研究。本书研究问题的切入点在于。第一，我国经济主体的经济金融活动已渗透到经济的微观层面和宏观层面，改变了原有通货膨胀的形成机制，货币政策通过影响家庭、企业、银行部门等经济参与主体的行为决策，进而影响产出、固定资产投资和通货膨胀水平等。第二，货币政策调整还会对宏观经济与金融市场的基本面产生影响，从而增加宏观经济与金融市场的不稳定，进而制约货币政策调控效果的发挥，即由货币政策调整所引发的宏观经济与金融市场间的结构性变化和风险传染以及周期联动等，可能会增加货币政策调控效果的不确定性。2007 年爆发的次贷危机向实体经济的蔓延，学者才意识到了这一问题的复杂性和重要性，当前学者对这一问题充满了疑问。第三，尽管我国在银行业改革以来并未发生银行大规模破产的现象，但政府所采取的刺激性政策对银行行为的副作用逐渐显现，无论其是否会演化为一场危机，无疑货币政策通过风险承担渠道对信贷余额的影响已经成为货币政策传导的一条重要渠道。第四，我国作为一个转型期的发展中国家，经济结构的不断变化势必影响经济变量之间的关系，在经济发展的不同阶段，货币对经济产生影响的途径，以及货币政策不同中介目标产生的效应始终存在着争议，这些也是未曾得到有效解决的极为重要的问题。

由此可见，在实际的货币政策操作中，货币政策具有怎样的效应？宏观经济与金融市场间的结构性变化和风险传染、周期联动、风险承担等，对货币政策的效应具有怎样的影响？货币政策的不同中介目标对最终目标的效应存在怎样的差异？这是我国中央银行在进行宏观调控时面临的核心问题。

在货币政策实施的过程中出现这些现实问题时，货币政策效应的理论和实证问题受到了广泛的关注，国内外学者对此做了相关研究，同时也分别利用各国的观测数据从各种角度，如货币供给总量决定的角度、中央银行对货币政策效果控制的角度、货币政策传导过程中微观运行机制角度等，进行了理论与实证分析。然而必须承认的是，对我国货币政策效应的研究是充满挑战的，原因在于我国还是一个处于转型期的发展中国家，经济结构、发展任务和发展目标具有一定的特殊性，这显然会影响已有政策模型和货币理论对我国的适用性；通过考察我国以及其他国家的货币政策理论和调节经济的实际操作发现其随着经济形势的变化而变化。因而借鉴现有的研究和前沿的货币政策理论，建立适合我国货币政策效应的分析框架，成为我国目前最为迫切和充满挑战的理论和实践问题。

本书研究的重点在于综合我国经济金融因素，注重经济主体在货币政策传导中的作用和我国存在的经济结构变化，首先通过构建动态随机一般均衡（DSGE）模型从一般均衡视角描述我国货币政策的宏观经济效应；其次从宏观经济与金融市场间的结构性变化和风险传染、周期联动以及风险承担视角，分析我国货币政策的周期时变效应和传导效应，最后在 DSGE 模型框架下，检验我国货币对经济产生影响的途径，并比较分析不同中介目标效应的有效性、强度和持续时间的差异。对上述议题的研究认识了经济发展变化的客观规律，能够指导货币政策更好地服务于经济发展目标的前提和基础性工作，具有非常重要的现实意义和理论价值。

1.2　主要研究目的

本书的研究试图达到以下目的：第一，通过对国内外研究文献的综述，进一步明确货币政策效应的研究进展和存在的问题，从而明确研究的方向和切入点；第二，构建一个包含银行部门等经济主体，且适用于我国货币政策分析的动态随机一般均衡（DSGE）模型，应用校准法和贝叶斯估计方法确定合理的参数值，通过模型的脉冲响应、方差分解和历史拆解，探讨货币政策对实际产出、固定资产投资和通货膨胀等观测变量的脉冲响应、影响程度和方向；第三，应用包含宏观经济和金融市场的整体信息，且能够真实反映我国货币政策执行情况的 TVFAVAR 模型，用于分析我国货币政策效应的时变特征，探讨宏观经济与金融市场间的结构性变化和风险传染对我国货币政策效应的影响，并在此基础上应用 TVSTAR 模型，探讨我国货币政策效应的时变平滑区制非对称性，以及变量间的周期联动对我国货币政策效应的影响；第四，通过放松已有理论模型的约束条件，将银行这一经济主体的风险承担与我国货币政策的效应相结合,从理论和实证两个层面,探讨我国货币政策通过风险承担渠道对信贷余额产生的效应,尝试提出货币政策调控效果能够有效发挥的政策建议;第五,在 DSGE 模型框架下,推导得到具有前瞻后顾性的动态 IS 曲线、货币需求曲线和双价格粘性的新凯恩斯菲利普斯曲线组成的一般均衡模型系统,检验货币对经济产生影响的途径,比较分析价格型与数量型货币政策效应的有效性、强度和持续时间的差异。

1.3 选题意义

虽然有关货币政策效应的理论和实证问题,国内外学者做了相关研究,但对我国这样一个处于转型期的发展中国家而言,新的经济问题不断涌现,许多货币政策的相关问题充满了疑问。基于此,本书采用现代计量经济学方法,将前沿的货币政策理论与我国的具体经济特征相结合,注重经济主体在货币政策传导中的作用,以及经济结构变化对经济变量间关系的影响,对我国货币政策效应的相关问题做了研究。本书研究的现实意义和理论价值如下。

1.3.1 选题的现实意义

近年来,我国经济的运行并不平稳,特别是次贷危机后经济运行进入新常态,在复杂的国内外环境下面临较大的下行压力,货币政策作为宏观调控的重要工具,对促进经济增长和维护物价稳定具有重要的作用,而货币政策运行是否成功,直接影响着经济能否平稳较快的发展。因此,对我国这样一个处于转型期的发展中国家而言,对货币政策的宏观调控成效和运行机理进行研究的现实意义毋庸置疑。

从货币政策调节经济运行情况来看,货币政策宏观调控的成效受到众多因素的影响,依赖于具体的经济金融状态,受约束于经济主体的行为决策和经济结构的变化,拥有复杂的传导机制和传导渠道,使得科学的定量分析货币政策的效应面临挑战,也使得货币政策当局很难把握货币政策的操作力度。因此,本文综合经济金融因素对货币政策效应的研究,为货币政策的制定和实施奠定了基础,也为短期反景气循环政策应如何避免经济过度波动提供了理论和实证依据。另外，传统的货币政策研究往往忽视了货币政策通过影响风险承担对于信贷供给造成的影响，但近年来政府所采取的刺激性政策对银行行为的副作用逐渐显现，无论其是否会演化为一场危机，无疑货币政策通过风险承担渠道对信贷余额的影响已经成为货币政策传导的一条重要渠道，因此，将货币政策通过风险承担渠道对于信贷余额造成的影响纳入考量，对货币政策宏观审慎管理框架的构建是十分必要的。本书的现实政策意义还在于，时至今日我国货币政策的透明度依然较差，货币政策中介目标的不明确导致人们很难准确把握货币政策当局的政策意图，这不仅会影响货币政策的有效性，还有可能由于人们对货币政策意图的误读而造成经济的扭曲。当然，增强货币政策的透明度不是一蹴而就的，其与不同中介目标宏观调控的成效紧密相关，所以，就货币政策议题中不同中介目标效应的问题展开讨论，具有重要的现实政策意义。从货币政策制定、执行和反馈的整个过程来看，本书的研究有助于我国在货币政策实施前对货币政策的调控效果进行预测，从而选择合适的货币政策中介目标，并根据宏观经济和金融市场状况的变化，适时调整货币政策的操作力度和方向，进而提高货币政策的宏观调控成效，维护宏观经济与金融市场的稳定，规避不当货币政策调控引发的风险。

1.3.2　选题的理论意义

从理论意义来看，货币政策的效应是货币经济学的理论研究前沿，本书以货币政策效应的理论和实证问题为研究对象，并将相关因素纳入一个较为统一的框架进行研究，其理论意义体现在以下方面。

第一，就我国而言，银行部门是我国金融体系的核心，银行部门应对货币政策冲击做出的行为决策对货币政策的宏观经济效应存在重要的影响。本书建立的引入银行部门等经济主体的 DSGE 模型，充分考虑了银行部门的投资组合选择、金融摩擦、信贷市场冲击等因素对 DSGE 模型估计结果的影响，具有较强的微观基础，为更有效、更加准确地研究我国货币政策的宏观经济效应提供了有力的保障。目前将上述经济金融因素全部纳入 DSGE 模型对我国货币政策效应的研究还较少，本书在这一领域进行了有益的探索。

第二，随着我国经济结构调整和经济金融状态的变化、宏观经济与金融市场间的结构性变化和风险传染、周期联动等，可能使货币政策的效应在不同经济金融状态下存在差异。因此，需要应用时变参数的现代计量经济学模型，从经济周期视角进一步检验我国货币政策的效应。本书第 4 章应用 TV-FAVAR 模型和 TVSTAR 模型，从经济周期视角对我国货币政策效应的研究，可以有效地揭示我国货币政策效应的时变特征，以及金融市场的传导和周期联动对我国货币政策效应的影响。从经济周期视角，运用上述模型分析我国货币政策效应的时变特征，在相关文献中还特别少，而本研究为国内相关领域的研究提供了新的思路和方法，具有一定的创新意义。

第三，货币政策宏观调控目标的实现，依赖于具体的货币政策传导渠道，其中货币政策通过影响银行的风险承担行为进而影响信贷余额，并最终作用于实体经济，这是货币政策发挥作用的一条重要传导渠道。因此，从货币政策传导的风险承担渠道研究我国货币政策的效应，具有重要的理论意义。本研究有别于以往将金融机构视为一层面纱的简化处理或将研究仅局限于货币政策对金融机构风险承担的影响上，而是将研究的重心放在货币政策通过银行风险承担对信贷余额的影响上，使本研究涵盖一个较为完整的货币政策传导路径，这对剖析货币政策通过风险承担渠道影响我国经济以及指导宏观审慎政策的制定和实施，具有重要意义。

第四，本书在动态随机一般均衡模型框架下推导出的含有产出和通胀内生持续（前瞻后顾）的一般均衡模型系统，将用于宏观经济分析的模型系统推广到了更一般的形式，具有坚实的微观基础，避免了模型结构设定和变量选择的随意性，且用于稳健性检验的 HTVPVAR 模型充分考虑了我国经济可能存在的结构性变化，以及非预期冲击带来的异方差性，由此可以有效的揭示我国货币对经济产生影响的途径，以及不同中介目标效应的有效性、强度和持续时间的差异。本研究在方法论方面具有一定的创新意义，是进一步理论研究的基础。

因此，本书对上述议题的研究，完善货币经济学理论，提高货币政策的有效性，具有重要的价值。

1.4　主要概念界定

为便于后文的研究，本小节对本书涉及的主要若干概念进行界定。

1.4.1　货币政策的效应

货币政策效应的理论主要研究货币政策对实体经济等的影响，并将货币政策是否有效定义为货币政策"中性"与"非中性"。货币政策中性是指货币政策对实际产出和就业不产生任何影响，增加的货币供给量完全反映在价格水平的变动上。货币政策中性学说的理论主要有古典经济学的货币中性论、理性预期学派的"政策无效论"和货币数量论。在货币政策"非中性"学说方面，凯恩斯以货币供给量的变动可以影响利率为出发点，认为在封闭经济条件下有效需求不足，当货币供给量增加时，利率下降会使得储蓄减少，消费和投资增加，进而使得总需求和总产出增加。随着货币经济学的进一步发展，新凯恩斯主义者认为由于菜单成本、工资粘性、不完全竞争等因素的影响，使得市场不能迅速出清达到瓦尔拉斯均衡，从而导致货币政策的变化对实际产出产生影响，在长期内不完全因素消失市场出清，货币政策表现出中性（Taylor，1980；Ball and Romer，1990）。随着实体经济与金融市场的联系趋于紧密，其研究领域进一步拓展至金融领域，且表现出非中性。如今，学者们对货币政策短期"非中性"，长期"中性"的结论已基本达成共识。因此，本书是在货币政策短期"非中性"的基本假设前提下展开的研究。

1.4.2　货币政策的中介目标

货币政策是中央银行利用政策工具影响中介目标，并通过中介目标调控宏观经济，以达到最终目标的综合过程。中央银行通过中介目标调控宏观经济，是为了控制货币政策的方向和强度，防止货币政策调控过度、不足或反向。在实施货币政策时，中央银行会选择直接调控存贷款利率或选择三大货币政策措施中的一种或几种进行操作，但无论中央银行选择那种操作，都是通过影响利率和货币供给量而达到宏观调控的目的，因此，选择利率或货币供给量作为货币政策的中介目标，能够反映货币政策的调控强度和方向。利率是货币在单位时间内的使用成本，是货币供求状况的反映。就我国的实际情况而言，银行间拆借利率较为清晰地反映了宏观调控政策的成效，且与货币市场其他利率的关联度也在不断提高，其在货币政策传导渠道中的作用得以进一步呈现（张晓慧，2011）。因此，在一定程度上银行间拆借利率可以作为我国的基准利率。虽然我国中央银行1998年宣布将货币供给量作为中介目标，但一些学者认为，随着我国金融市场的发展，货币供给量与最终目标的关联性，以及货币供给量的可测性和可控性等均出现了问题，超出了货币政策应有的锚定和规则作用，而不应将货币供给量作为货币政策的中介目标（夏斌和廖强，2001；封思贤，2006）。随着我国利率市场化的逐步推进和金融市场的发展，以利率逐步替代货币供给量作为我国货币政策的中介目标是大势所趋，也是自20世纪90年代之后，世界多数国家中央银行的选择。基于此，在我国逐步推进利率市场化的背景下，以利率对经济目标的效应为研究重点，并在此基础上比较分析利率和货币供给量对经济目标效应的差异，具有重要的现实意义。

1.4.3 货币政策的传导渠道

货币政策的传导渠道是指中央银行的政策工具（中介目标）作用于最终目标变量变化的途径。学者将货币政策作用于最终目标的途径，传统上划分为利率渠道、信贷渠道和资产价格渠道等。次贷危机之后，在传统的传导渠道之外，货币政策传导的风险承担渠道逐渐受到货币政策当局和学者的重视。货币政策的风险承担渠道是指货币政策通过改变投资者对风险的偏好和感知程度，进而影响投资行为，如信贷供给量等，并最终作用于宏观经济。货币政策传导的风险承担渠道，与信贷渠道、资产价格渠道等货币政策的传统渠道相互补充，共同影响货币政策的效应。

1.5 研究思路与结构安排

本书研究的议题包括：（1）货币政策对我国实际产出、通货膨胀和固定资产投资等观测变量存在怎样的效应？（2）我国货币政策的效应是否存在时变特征？宏观经济与金融市场间的结构性变化和风险传染、周期联动等，对我国货币政策的效应存在怎样的影响？（3）我国货币政策通过风险承担这一特定渠道对信贷余额存在怎样的效应?(4)我国货币对经济产生影响存在怎样的途径?不同中介目标效应的有效性、强度和持续时间存在怎样的差异?这 4 个议题分列文章的第 3、第 4、第 5、第 6 章,即相对独立,又具有一定的内在关联性:本书第 3 章从一般均衡视角检验了我国货币政策的宏观经济效应,对我国货币政策有效性的检验为第 4 章从经济周期视角分析我国货币政策效应的时变特征奠定了基础;第 5 章则是针对货币政策通过风险承担这一特定渠道对信贷余额的效应问题进行了研究,它是对前两章银行部门在我国货币政策传导中发挥重要作用的一个有力补充;第 6 章主要研究了货币对经济产生影响的途径,以及不同中介目标效应的有效性、强度和持续时间的差异,它是对前文研究的进一步深入和拓展。

围绕所要探讨的议题,本书分别应用 DSGE 模型和局部均衡模型对上述议题展开研究。为何需要应用不同类型的模型?从实际操作层面来看,某一类模型不可能解决所有问题,因为随着所关注问题种类的增加或变化,需要纳入模型的因素越来越多,且针对特定问题对模型的结构和属性也会有一定的要求,最终可能导致模型的可操作性下降,而背离研究的初衷。因此,较为可行的策略是根据研究问题的不同选择不同种类的模型,从而凸显出特定问题背后最为重要的解释因素或经济机制。接下来详细阐明本书的研究思路与结构安排。

1.5.1　研究思路

货币政策的有效性是本书对上述议题进行展开研究的重要前提。判断货币政策是否有效,首先需要论证和检验货币政策能否影响实际产出、通货膨胀、固定资产投资等经济变量,即货币政策非中性的问题。为了回答这一问题,需构建一个分析我国经济变化的一般均衡框架,且能够定量分析货币政策对我国实际产出等观测变量的效应。由于动态随机一般均衡(DSGE)模型具有严格的理论基础、逻辑一致性和更加有弹性的特点,而刚好能够满足一般均衡框架这两个条件,因此成为货币政策分析的基本框架。应用 DSGE 模型,研究货币政策对我国宏观经济的效应,是本书进一步研究的基础和前提。本书构建的纳入金融摩擦、债券市场等因素的 DSGE 模型,是针对我国经济的特征而设定,可通过 DSGE 模型的脉冲响应、方差分解和历史拆解,定量分析我国货币政策对实际产出等观测变量的脉冲响应、影响程度和方向。

在2007年爆发的次贷危机向实体经济的蔓延，并最终形成全球性经济危机的过程中，人们见识到了金融市场对经济稳定的巨大影响，也意识到了实体经济与金融市场间结构性变化和风险传染的复杂性和重要性。虽然经济学家就货币政策对金融市场"非中性"早已达成共识，但直至经济学家对次贷危机的反思后才意识到早期弱化处理金融市场在货币政策传导中作用的缺陷。作为一个处于转型期的发展中国家，由于我国近年来经济结构不断调整，以及金融市场的持续发展，使得货币政策对经济的影响更为复杂。因此，要想对我国货币政策效应的特征有更进一步的认识，就必须将实体经济与金融市场的整体信息、经济结构的变化和经济变量间的周期联动纳入模型进行考量，这也对模型的选择提出了一定的要求。虽然基于一般均衡的DSGE模型，在分析货币政策的效应时具有诸多优势，但尚不能完全替代局部均衡的计量经济学模型，从经济周期视角分析货币政策的效应时，时变参数的现代计量经济学模型可作为DSGE模型的一个有益补充。因此，在理论分析的基础上，本书进一步应用时变增广向量自回归（TVFAVAR）模型，通过主成分分析方法将实体经济和金融市场的整体信息纳入模型，应用卡尔曼滤波估计方法对我国货币政策效应的时变特征进行检验，分析宏观经济与金融市场间的结构性变化和风险传染等对我国货币政策效应的影响；在此基础上，通过在马尔科夫区制转换模型中引入时变平滑的区制转换函数，研究我国货币政策效应的时变平滑区制非对称性，这一拓展将区制转换由随机跳跃间断修正为时变平滑的转换过程，使之与货币政策的效应在不同区制内是一个逐渐变化的过程相适应。

同样值得注意的是，一方面，在过去相当长的一段时期，人们习惯认为金融机构只是在货币政策调控宏观经济中提供一个资金融通的信贷渠道，忽视了银行的风险承担行为对实体经济的影响。虽然基利（Keeley，1990）、艾伦和盖尔（Allen and Gale，2000，2007）和拉詹（Rajan，2006）的研究均揭示了货币政策传导的风险承担渠道的存在，相关研究将货币政策的效应与银行的风险承担相关联，弥补了传统宏观经济理论和模型的不足。但在次贷危机前，上述文献含有的深刻政策意涵和价值并未引起普遍的重视，直至次贷危机爆发才使人们充分见识到了货币政策风险承担渠道的威力，及其对实体经济造成的破坏性影响。尽管我国并未发生货币政策通过风险承担渠道对实体经济造成巨大破坏进而引发经济危机，其中一个重要的原因就是国家对金融机构近乎苛刻的管制和隐性信用担保。但随着我国利率市场化的不断推进和银行的商业化改革，原有的补贴会逐步退出，隐性信用担保也将被存款保险制度所替代，这也意味着我国的金融机构未来将存在破产的可能，原来被隐藏的货币政策通过风险承担渠道对实体经济的影响也将暴露出来。另一方面，随着我国银行业的商业化改革，银行的行为和约束条件发生了很大的变化，银行的风险识别、风险定价和风险感知程度等银行的内在特征，对银行投资组合风险暴露的影响趋于增加，在货币政策传导过程中的作用趋于增强。欧洲央行 2009 年的公告认为，各种信贷渠道均为货币政策传导机制的一部分，货币政策通过风险承担产生放大效应，故而对金融加速器构成补充。因此，从风险承担渠道研究货币政策对信贷余额的影响，对剖析货币政策通过这一渠道影响我国经济具有重要意义。沿着这一思路，本书通过放松已有理论模型的约束条件，将存款保险制度、贷款抵押制度和市场结构引入理论模型，进而从理论和实证层面研究了我国货币政策通过风险承担传导渠道对信贷余额产生的效应，探讨了应采取怎样的政策措施才能够更好地发挥我国货币政策的调控效果。因此，本章对货币政策风险承担传导效应的研究是十分必要的，其对构建货币政策管理框架具有重要的意义。

另外，由于我国还处于利率市场化的改革进程中，在经济发展的不同阶段，中央银行可能综合使用利率和货币供给量等经济变量作为货币政策的中介目标对经济进行微调（Zhang，2009）。随着我国利率市场化的逐步推进，数量型指标的局限性逐渐显现，而令人遗憾的是目前国内学者对于中央银行究竟应该选择哪种中介指标对经济进行调控并没有达成共识。原因在于用于实证检验的模型存在差异，以及我国还是一个处于转型期的发展中国家，经济结构的不断变化势必影响经济变量之间的关系，使得货币政策不同中介目标产生的效应始终存在着争议。因此，在前文研究的基础上我们有必要对这一问题进行研究。基于此，在动态随机一般均衡（DSGE）模型框架下，由家庭和企业的最优化问题推导得到由前瞻后顾的动态 IS 曲线、货币需求曲线和双价格粘性新凯恩斯菲利普斯曲线组成的一般均衡模型系统，检验货币和利率在不同样本内对经济产生的影响，并基于 HTVPVAR 模型对一般均衡模型系统估计结果稳健性的检验，比较分析不同中介目标效应的有效性、强度和持续时间的差异，以此判断货币政策不同中介目标宏观调控的成效。

1.5.2 本书结构安排

本书共分 8 章展开对我国货币政策效应的研究。本书各章结构安排如下：

第 1 章，绪论。本章主要介绍本研究的选题背景、选题意义、研究目的、货币政策效应概念的界定、货币政策中介目标的选取、研究方法、研究思路和结构安排。

第 2 章，文献综述。本章对相关理论研究和实证检验文献进行了梳理，并分析现有研究的进展和不足，为论文的研究提供可参考的理论和方法基础，具有重要的指导作用。

第 3 章，DSGE 模型介绍。本章就 DSGE 模型的构建、求解、线性化、参数校对、贝叶斯估计和分析作详细介绍，增强读者对这一复杂方法的了解。

第 4 章，金融摩擦、货币政策与宏观经济波动。本章拟构建一个包含银行部门等经济主体的 NK – DSGE 模型，应用贝叶斯方法估计模型的参数，给出货币政策对实际产出、通货膨胀、固定资产投资等观测变量的脉冲响应及其历史影响程度和方向。

第 5 章，我国货币政策效应的时变特征分析。本章首先应用 TVFAVAR 模型对我国货币政策效应的时变特征进行检验；在此基础上，通过在马尔科夫区制转换模型中引入时变平滑的区制转换函数，研究我国货币政策效应的时变平滑区制非对称性。

第 6 章，我国货币政策传导的非对称性效应分析。本章通过放松已有理论模型的约束条件，从理论层面以及应用 PTR 模型从实证层面，研究我国货币政策向银行风险承担传导的非对称性，以及风险承担对信贷供给产生的影响，探讨应采取怎样的政策措施才能够更好地发挥我国货币政策的调控效果。

第 7 章，基于不同中介目标的我国货币政策效应的比较分析。本章检验货币对经济产生影响的途径，以及利率和货币供给量对实际产出和价格水平的效应，比较分析不同中介目标效应的有效性、强度和持续时间的差异，以此判断不同中介目标宏观调控的成效。

第 8 章，结论与展望。本章对全书进行总结，指出本书的创新点，并给出政策建议和未来需要研究的问题。

本书的框架如图 1-1 所示：

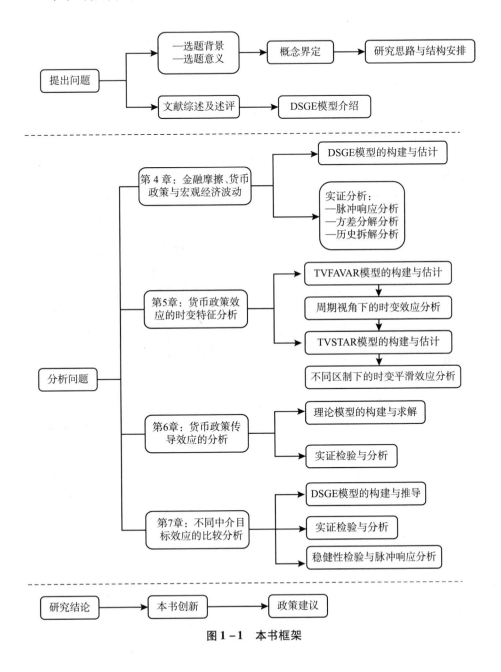

图 1-1 本书框架

第 2 章

文 献 综 述

  国内外学者对货币政策效应的理论和实证问题做了相关研究，积累了进一步研究所需要的知识储备。随着货币经济学理论、宏观经济和金融市场的发展，在相关研究中出现了一些新的研究动向和争论。为更好地指导对相关问题做进一步的理论研究和实证检验，本章将从理论研究和实证检验两个层面分析现有研究的进展和不足，为本书的研究提供可参考的理论和方法基础。

2.1 货币政策的宏观经济效应研究

  有关货币政策效应的理论和实证主要研究货币政策对实际产出、价格水平等宏观经济变量的影响，并将货币政策是否有效定义为货币政策"中性"与"非中性"，货币政策的有效性问题一直是主流经济学派争论的焦点。如今，学者们对货币政策短期"非中性"，长期"中性"的结论已基本达成共识。早期学者对货币政策效应的研究普遍采用传统计量经济学方法和定性分析方法，如巴利亚诺和法罗韦（Bagliano and Favero，1997）应用半结构 VAR 模型的脉冲响应和方差分解，研究了货币政策的效应。费尔（Fair，2001）通过构建多国计量经济学（MC）模型，研究了价格型货币政策对实际产出的效应；巴蒂尼等（Batini et al.，2004）应用传统的时间序列模型，研究了规则的货币政策对实际经济变量的效应；克里斯蒂亚诺等（Christiano et al.，2005）在 SVAR 模型中引入工资名义刚性和通货膨胀等因素，研究了货币政

策对实体经济变量的影响；科格利等（Cogley et al. , 2010）应用 VAR 模型
和误差修正模型，研究了联邦基准利率对存款和信贷供给的影响；陈飞等
（2002）应用 VAR 模型的脉冲响应函数，研究了我国货币政策的工具变量对
实际产出的影响；蒋瑛琨等（2005）、曹永琴（2007）等学者应用传统的计
量经济学模型验证了我国货币政策的有效性。随着经济学理论和计算方法的
发展，在已有的理论研究和实证分析的基础上，研究者发展了动态随机一般
均衡（DSGE）模型，并将其用于货币政策效应的研究，DSGE 模型可作为目
前使用的各种模型的一个拓展。动态随机一般均衡模型最早由福赫勒（Fuhr-
er）、摩尔（Moore）等，将价格粘性、信息不对称、不完全竞争等因素引入
克兰德（Kyland）和普雷斯科特（Prescott）所建立的数量分析框架，从而建
立了所谓的 DSGE 模型。虽然动态随机一般均衡模型比较复杂，理解起来也
比较困难，但是该模型具有较强的微观基础，能够真实地反映经济行为参与
主体的特征，用动态一般均衡（DSGE）模型进行研究，可得到更细致和深
入的结果。

在次贷危机发生之前，国内外学者采用伯南克等（Bernanke et al. ,
1999）等提出的金融加速器理论在研究货币政策对宏观经济的效应时，未能
将一个有效的银行部门纳入模型。次贷危机后，银行部门在危机中的作用受
到越来越多的重视，学者试图将银行部门纳入 DSGE 模型，研究货币政策对
宏观经济变化的影响。格特勒和卡拉迪（Gertler and Karadi，2011）将银行部
门纳入新凯恩斯模型，认为当经济受到外在冲击而使银行的净资产减少时，
会放大货币政策对实体经济的冲击。哈尔伯格和霍拉（Hilberg and Hollmayr,
2011）将银行间市场引入新凯恩斯模型的研究显示，中央银行"逆风向而
行"（lean against the wind）的非常规货币政策，能够缓解银行间市场的流动
性短缺。哈弗斯特德和史密斯（Hafstead and Smith，2012）将垄断竞争的银
行部门引入动态一般均衡的框架，研究发现，货币政策对信用价差做出反应
则会减弱金融机构的供给和需求面的冲击对宏观经济的影响。哈杰等（Ha et
al. , 2013）在 DSGE 模型的框架下研究了商业银行调整存贷款利率对货币政
策效应的影响，商业银行对存贷款利率的调整在一定程度上抵消了货币政策
当局平滑经济周期波动的努力。

然而，上述应用 DSGE 模型研究货币政策效应的文献均是对西方等发达

经济体的研究，能否匹配我国货币政策对宏观经济的影响则需要加以验证。国内学者对相关问题进行了研究，如许伟和陈斌开（2009）基于包含银行部门的 DSGE 模型，应用参数校准、最小二乘估计和 GMM 估计方法，研究了货币政策与经济波动的关系。汪川等（2011）应用未纳入银行部门的 DSGE 模型，研究了我国货币政策通过信贷因素对宏观经济的影响，结果显示，相较于对产出等其他变量的影响，货币政策对通货膨胀和价格水平有着更好的控制力。康立等（2013）应用包含银行部门的两部门 DSGE 模型，基于参数校准法研究了货币政策的效应在不同部门之间的传导。李雪松和王秀丽（2011）应用未纳入银行部门的 DSGE 模型的研究结果显示，相较于数量型货币政策，价格型货币政策的效应较强但持续期较短。蒋海和储著贞（2011）将成本渠道引入了构建的动态宏观经济分析框架，研究结果显示，紧缩性货币政策短期会增加企业的融资成本，推高价格水平。

2.2　基于经济周期的货币政策效应研究

在 20 世纪 20 年代初期之前，大多数学者认为，实施同等力度的货币政策在经济扩张与收缩时的效果是一样的，直至大萧条爆发，才使经济学家认识到这一观点的偏误：在大萧条时期，扩张性的货币政策对产出增长几乎没有影响，货币政策失效。凯因斯（Keynes，1936）认为当利率水平降至不能再低时，投资者就会产生未来利率上升而债券收益下降的预期而无限持有货币，以至于中央银行试图通过降低利率刺激经济复苏的努力失败，货币政策陷入"流动性陷阱"。正如弗里德曼（Friedman，1968）所比喻的那样，货币政策就像绳子，它可以在经济膨胀时"拉"住经济给经济降温，但却不可以在经济陷入衰退时，将其"推"出衰退的泥潭，即紧缩性的货币政策可以给过热的经济降温，而扩张性的货币政策对复苏衰退的经济显得无能为力。

直至 20 世纪 90 年代，科弗（Cover，1992）的开创性研究，才引起了学者对货币政策效应周期性的关注，许多学者从经济周期视角对货币政策的效应做了研究。现有有关货币政策非对称效应的研究，学者从多个角度对其进行了理论研究和实证检验，主要包括以下几个方面：一是紧缩性货币政策和扩张性货币政策的非对称效应；二是不同经济周期上的货币政策的非对称效应；三是不同区域层面上的货币政策的非对称效应；四是不同产业层面上的货币政策的非对称效应。下面仅列举出与本书研究相关的代表性文献，即有关基于经济周期的货币政策效应的研究文献。

大量的理论与实证研究表明，货币政策的效应可能存在非对称性（Bruinshoofd and Candelon，2005）。鲍尔和曼昆（Ball and Mankiw，1994）认为，货币政策对实际产出和价格水平的效应存在非对称性。凯若斯（Karras，1996）对欧洲 18 个国家的实证分析显示，货币政策对实际产出的影响存在非对称性，并认为价格粘性是造成实际产出对货币政策的反应具有非对称性的理论因素。霍姆斯和王（Holmes and Wang，2000）应用平滑迁移向量自回归模型对美英两国货币政策效应的研究均显示，货币政策对实际产出存在非对称（非线性）效应。明和皮埃尔（Ming and Piger，2001）运用马尔科夫区制转换模型研究了实际产出对货币政策反应的时变性，研究发现，相较于经济扩张周期，实际产出在衰退期对货币政策行为的反应更为敏感。加西亚等（Garcia et al.，2002）的研究发现，货币政策在经济增长的不同阶段呈现出非对称性。贝勒曼和希尔歇尔（Berlemann and Hielscher，2012）应用动态面板模型，实证研究了货币政策对产出的效应，认为当商业周期存在较大的波动或通货膨胀存在较大的不确定性时，会减弱货币政策对产出的效应。扎基尔和马利克（Zakir and Malik，2013）应用推广的 Cover 模型，研究了货币政策对产出的非对称效应，研究结果显示，在高增长区制，货币政策对产出不具有显著的影响，在低增长区制对产出具有显著的影响，在慢增长区制，产出对紧缩性货币政策的反应强烈。此外，货币政策冲击不仅对价格水平和实际产出存在非对称影响，加里波第（Garibaldi，1997）、加里波第和德拉里恰（Garibaldi and Dell' Ariccia，2000）、弗洛里奥（Florio，2006）和赛纳西佐格罗和埃西德（Cenesizoglu and Essid，2012）等学者的研究还发现，价格型货币政策对劳动市场、信贷供给、资产价格以及债券溢价等均存在非对称效应。西莫－肯涅等（Simo－Kengne et al.，2013）应用 MSVAR 模型研究了货币政策对房地产市场的非对称效应，研究结果显示，与房地产市场的景气周期相比，货币政策对不景气周期的房地产市场具有较强的影响。

一些学者对我国货币政策在不同周期下的效应做了研究，如冯春平

（2002）检验了货币供给对价格水平和实际产出的非对称效应。赵进文和闵捷（2005）应用 STR 模型的研究显示，在景气和不景气周期，货币政策对产出具有不同的效应。刘金全和郑挺国（2006）应用马尔科夫区制转换模型的研究显示，我国货币冲击对产出存在显著的非线性影响。曹永琴和李泽祥（2007）的研究显示，货币政策对产出的效应存在周期非对称性：相较于经济扩张时期，货币政策在经济紧缩时期更为有效。郑挺国和刘金全（2008）应用平滑迁移向量误差修正模型的检验结果显示，在不同经济周期和通货膨胀阶段，货币对产出存在显著的非对称性。彭方平和连玉君（2010）应用 PTR 模型基于公司层面的实证研究认为，货币政策在不同经济状态下对通货膨胀的效应具有非对称性。王立勇等（2010）应用 LSTVAR 模型的实证检验显示，在经济的高增长和低增长区制，利率的正向冲击对经济增长和价格水平存在显著的非对称效应。卞志村和孙俊（2012）应用 MSVAR 模型的检验结果显示，货币政策对产出、价格水平和股票市场收益存在区制非对称效应。周祥和孔刘柳（2013）应用 MSVAR 模型的研究结果显示，货币政策对房地产价格存在区制非对称效应。孙俊（2013）基于我国货币政策调整频繁的背景，通过构建 LSTVAR 模型的实证结果显示，我国货币政策对产出、通货膨胀和资本市场的非对称效应依赖于宏观经济的状态。

2.3　货币政策传导效应的研究

货币政策效应的发挥在很大程度上依赖于货币政策的传导渠道，学者将货币政策作用于实体经济的渠道，传统上划分为利率渠道、信贷渠道和资产价格渠道等，在传统的传导渠道之外，银行风险承担渠道在次贷危机之后才开始受到货币政策当局和学者的重视。银行在货币政策的传导中发挥着重要的作用，宽松货币政策通过影响银行的风险认知和容忍度，从而影响银行的信贷供给，并最终影响实体经济。从金融稳定的角度来说，货币政策非中性（Borio and Nelson，2008），国内外学者对这一问题做了研究，涌现了许多有价值和启发意义的文献。

佩里格若娃和桑托斯（Paligorova and Santos，2012）以欧洲、南美、美国和加拿大为对象的实证研究显示，在低利率时期，银行会放松对高风险贷款者的审查，进而通过风险承担渠道放大货币政策传导机制的影响，而导致过度的信贷发放。鲍里奥和朱（Borio and Zhu，2012）认为现有的研究对货币政策与经济主体的风险感知和定价之间的联系没有给予足够的重视，本书通过比较传导机制的相关研究后发现，变化的金融系统和审慎监管强化了银行风险承担渠道的重要性，且主流的宏观经济范式以及相关模型，都不能很好地拟合货币政策的银行风险承担渠道，因此而减弱了指导货币政策操作的有效性。佩里格若娃和桑托斯（Paligorova and Santos，2013）对银行的企业信贷定价策略做了研究，结果显示，银行对高风险贷款者发放贷款的贷款利率溢价在宽松货币政策时期要低于紧缩货币政策时期，且这一结果在考虑贷款额度、银行特征因素、宏观经济因素以及不可观测的银行和企业异质性因素的情况下仍然稳定。洛尼等（Angeloni et al.，2013）应用 VAR 模型研究了货币政策对银行风险暴露的影响，发现了货币政策的风险承担渠道的存在性，即在银行风险错配和信贷约束下，抵押品价值波动所产生的资产负债表渠道验证了银行风险承担的存在性，且因宽松货币政策而增加的银行杠杆率使产出螺旋下降，从而抑制了金融加速器的放大作用。但一些学者的研究却得出了不同的结论，如乔瓦尼等（Giovanni et al.，2010）基于理论模型的研究结果显示，宽松货币政策会增加银行的风险承担，但货币政策对银行监管风险偏好影响的净效应依赖于利率传导、风险转移和杠杆率这三个方面的相互作用。邦芬和苏亚雷斯（Bonfim and Soares，2013）对葡萄牙银行业的实证研究显示，与其他国家相比，葡萄牙银行业的货币政策风险承担效应较弱。布鲁诺和申（Bruno and Shin，2013）研究了货币政策与银行杠杆率的动态相互关系，杠杆率的变动通过影响银行的风险承担从而在货币政策的传导机制中发挥了重要的作用。

国内的一些学者对我国货币政策向银行风险承担的传导也做了研究，但并未得出一致的结论，如张雪兰和何德旭（2012）应用动态面板系统 GMM 方法的检验显示，货币政策对金融系统的稳定并非中性，货币政策显著影响银行的风险承担，且受到商业银行的特征和市场结构的影响。牛晓健和裘翔（2013）通过固定效应模型和差分 GMM 方法的实证检验认为，利率与我国银行的风险承担存在显著的线性负向关联性。而其他学者的研究却得出了不同的结论，如方意等（2012）对我国 72 家银行 2003～2010 年的面板数据应用系统 GMM 方法的实证研究显示，当银行资本充足率较高时，货币政策与银行风险承担呈现出负向关联性，当资本充足率降低时，两者的负向关联性趋于减弱，甚至会转变为正向，即货币政策对银行风险承担的影响存在非对称性。江曙霞和陈玉婵（2012）应用 PTR 模型的研究认为，货币政策对银行风险承担的影响取决于银行的资本状况。徐明东和陈学彬（2012）采用 GMM 动态面板方法，研究了紧缩性货币政策和宽松性货币政策对银行风险承担影响的非对称性。刘晓欣和王飞（2013）应用差分 GMM 方法对我国货币政策的银行风险承担效应进行了检验，认为我国货币政策向银行风险承担的传导受银行微观特征的影响。

2.4 基于不同中介目标的货币政策效应的比较研究

在货币政策操作的实践中，中央银行为增强货币政策宏观调控的有效性，在经济发展的不同阶段，可能选择了利率或货币供给量等中的一个或多个作为货币政策的中介目标对经济进行微调。货币政策中介目标的选择攸关货币政策宏观调控的效果和有效性，不同中介目标效应的比较研究，也因此成为学者研究的对象。

克拉里达等（Clarida et al.，1999）基于利率和准备金政策调控路径的研究显示，利率作为政策工具会更好。伯南克和布林德（Bernanke and Blinder，1992）基于美国 30 年数据的研究显示，利率能更好的预测价格水平、产出和失业率。森西尔等（Sensier et al.，2002）也支持这一结论。雷罗（Koivu，2009）的研究却认为，相较于其他货币政策的中介目标，价格型货币政策对实际产出的影响较小。国内的研究，如王振山和王志强（2000）应用协整和因果关系的检验显示，我国货币政策货币渠道的传导作用较小，信贷渠道是我国货币政策的主要传导渠道。李斌（2001）的统计分析发现，相较于货币供给量，信贷余额与最终经济目标的关联性较强。王雪标和王志强（2001）利用协整分析方法的研究显示，货币政策通过多个渠道影响宏观经济，但无法区分哪个更重要。陈昕东等（2002）利用 VAR 模型的检验显示，信贷渠

道对产出的影响要小于货币渠道对产出的影响。封思贤（2006）基于 VAR
模型、方差分解和脉冲响应的研究显示，相较于货币供给量，利率更易于达
到宏观调控的目标。蔡彤娟等（2014）应用 SVAR 模型，基于我国 1996 年第
1 季度 ~2013 年第 3 季度数据的检验显示，货币供给量作为我国货币政策的
中介目标在样本期内具有一定的优势，但利率对最终经济目标的效应渐趋增
强。陈建斌和龙翠红（2006）应用 VAR 模型的实证检验显示，利率是我国
货币政策环境变化的主要因素，与实际产出波动存在很强的联动性。刘明志
（2006）基于格兰杰因果关系检验的研究显示，相较于其他货币政策中介目
标，价格型货币政策对实际产出的影响较小。戴金平和陈汉鹏（2013）基于
DSGE 模型的研究认为，即使在利率未实现市场化的条件下，我国利率的传
导渠道是通畅的，中央银行通过银行间拆借利率对宏观经济的调控是有效的。
然而，一些学者对此问题的研究却得出了不同甚至是相反的结论。如蒋瑛琨
等（2005）运用协整检验、VAR 等方法进行实证分析后认为，货币供给量
M_1 对实际产出和通货膨胀存在显著的影响。刘金全和刘兆波（2008）使用
SVAR 模型，分离和识别了货币政策中介目标的结构性扰动，得出的检验结
果显示，货币中介目标的效应依赖于经济周期的具体阶段。吕光明（2012）
通过施加约束的 SVAR 模型的 Cholesky 分解的研究结果显示，数量型中介目
标的效应强于价格型中介目标的效应，且货币政策对产出波动的影响要小于
对价格波动的影响。

2.5　相关研究文献的述评

透过对相关文献的梳理与归纳可以看出，学者对货币政策效应的理论和
实证问题，做了相应研究。相关研究文献的评述如下。

首先，DSGE 模型已成为国内外学者研究货币政策对经济影响的一般范
式，部分学者应用 DSGE 模型对我国货币政策的效应做了检验，得出了许多
有意义的研究结论，但必须承认的是许多研究相对而言还处于起步阶段，严
格依据经济学理论并紧密结合我国经济特征的开创性研究还较少。就我国经
济运行的实际而言，银行部门是我国金融体系的核心，在货币政策的传导中

发挥重要作用，但相关研究应用 DSGE 模型分析我国货币政策的效应时，或设定银行部门中性，或设定银行部门的资产仅拥有企业信贷，或忽视债券市场、金融摩擦等外生冲击对宏观经济的影响，这不符合我国实际经济的运行。以往一些将银行部门引入 DSGE 模型的研究，在估计模型参数时，或采用校准方法，或采用最大似然法给参数赋值，从而使参数的赋值或带有主观性，或存在信息损失，且部分研究未对模型的有效性进行检验。还有一些 DSGE 模型的设定过于主观，如将信贷直接引入企业部门的生产函数，或未给出明确的约束条件等，使得模型的一般均衡框架与最终结论的联系不强。

其次，货币政策效应的发挥依赖于具体的经济金融状态，在不同条件下货币政策的效应可能存在时变特征。作为对一般均衡模型的有益补充，部分学者应用局部均衡模型，从经济周期视角对我国货币政策的效应进行了研究。正如 Bernanke 所言，货币政策当局关注的经济变量成百上千，并通过这些变量判断整体宏观经济和金融市场的走势，进而做出货币政策决策，宏观经济和金融市场的整体信息也在很大程度上影响了货币政策的效应，且宏观经济与金融市场基本面间存在的结构性变化和风险传染，可能会加强或减弱货币政策的效应。以往从经济周期视角对我国货币政策效应时变特征的研究，往往忽视了宏观经济与金融市场的整体信息，而可能使估计结果的准确性受到影响。另外，货币政策的调整是一个逐渐增强或减弱的过程，货币政策的调控效果很难马上完全显现出来，使得货币政策对观测变量的影响大小和方向是逐渐变化的，而不是随机跳跃间断的，即货币政策效应的周期转换是一个平滑转换的过程，这也使得以往主观划分观测变量及观测变量间存在的结构性变化区间，可能会造成估计结果的偏误。因此，从经济周期视角分析我国货币政策效应的时变特征，以及基本面间的结构性变化和风险传染、周期联动等，对我国货币政策效应的影响具有重要的研究价值。

再次，对我国货币政策效应的判断，还需结合货币政策的传导渠道。诸多学者从货币政策的利率渠道、信贷渠道等，对我国货币政策的效应做了研究。次贷危机后，学者才开始重视货币政策传导的风险承担渠道效应。银行业是我国金融体系的核心，在我国货币政策的传导中发挥着重要的作用，货币政策向银行风险承担的传导攸关宏观经济的稳定，以及货币政策的调控效果。货币政策通过向银行风险承担的传导影响信贷供给，进而影响实体经济，且在不同的银行资本水平下，同样立场的货币政策对银行风险承担的影响不同，而可能存在非对称性，进而使货币政策的效应可能存在非对称性。现有研究主要运用 GMM 或系统差分 GMM 等方法对线性模型进行估计，没有充分考虑在不同的银行资本水平下，同样立场的货币政策对银行风险承担的影响不同，而可能存在的非对称性；另外，学者为了能够对危机发生的原因以及货币政策在其中的作用进行解释和评价，将研究的重心放在了货币政策对金融机构风险承担水平的影响上，针对货币政策通过风险承担渠道对信贷供给影响的研究几乎没有。但我们应该注意到，次贷危机发生的一个重要原因就是因货币政策而累积的银行风险承担限制了银行的融资能力，进而导致银行惜贷使得宏观经济无法正常运行。

最后，已往文献比较研究货币政策不同中介目标效应的范式是，在 VAR 模型或 SVAR 模型框架下，选择货币政策的不同中介目标进行研究。但由于我国还是一个处于转型期的发展中国家，经济结构的不断变化势必影响经济变量之间的关系，使得货币政策不同中介目标产生的效应始终存在着争议，这也是未曾得到有效解决的极为重要的问题。学者得出的结论存在较大差异的另一个原因，在于研究方法、样本区间选择或方法处理技术的差异。由此可见，检验我国货币政策冲击的效应，以及识别不同中介目标效应的差异，单纯应用上述传统方法是不够的；上述传统方法还将经济结构视为一个黑箱，单纯地进行定性分析而缺乏严格的数理推导。因此，在构建实证检验模型时，应避免模型结构设定和变量选择的随意性，除此之外还需充分考虑经济的结构性变化和异方差性对结果造成的影响。

基于上述评述，本书在现有文献的基础上，对我国货币政策效应的理论和实证问题做进一步的研究，以期为现有研究做出补充。

第 3 章
DSGE 模型的技术方法

首先，动态随机一般均衡（DSGE）模型，是当前学术界用于货币政策对经济影响分析时普遍采用的分析范式，其优势在于该分析范式具有较强的微观基础，且融入了经济行为主体的理性预期。其次，DSGE 模型的结构化参数采用校准的方法进行赋值，政策性参数则随政策的变动而变动，DSGE 模型的这一特征能够避免"卢卡斯（Lucas）批判"中所指出的问题。Lucas曾指出，结构性模型忽视了经济主体的预期，以及外部冲击有可能改变结构性模型参数的事实，不能用于政策分析。相较于宏观计量模型的第一代和第二代结构性模型以及混合模型，DSGE 模型可以认为是研究宏观经济问题的第四代模型，其经过多年的发展已能很好的匹配宏观经济的特征。DSGE 模型通过引入价格粘性、不同经济行为主体的跨期最优化，且经济体系中的经济行为主体依据偏好、预期等最优化选择，经济体最终将达到瓦尔拉斯均衡。DSGE 模型通过脉冲响应、方差分解、历史拆解等，定量分析货币政策对观测变量变化的历史贡献程度和方向。由于 DSGE 模型具有严格的理论基础、逻辑一致性和更加有弹性的特点，使其因此成为货币政策分析的基本框架。在本章中，就本书使用到的 DSGE 模型技术方法进行阐述，重点梳理 DSGE模型的构建流程。

3.1 DSGE 模型的构建流程

动态随机一般均衡模型（dynamic stochastic general equilibrium model，简

称 DSGE 模型）是在一般均衡框架下，经济体系中的参与主体根据当前信息以及对未来的预期，在不确定的条件下进行最优决策以获得效用的最大化。当前，DSGE 模型已广泛应用于宏观经济预测、经济波动以及宏观经济政策分析等方面，并得到了学者和相关当局的认可。其优势在于 DSGE 模型中经济行为主体的行为方程是在其最优决策下得到，具有很强的微观基础，且模型中经济行为主体对未来的理性预期从而避免了所谓的卢卡斯评判，模型中对经济行为主体效用函数的构建从而可以基于福利分析研究最优政策或比较分析不同政策所带来的社会福利变化。DSGE 模型在得到广泛应用的同时，由于其技术方法存在一定的难度和复杂性，许多试图应用该方法研究感兴趣的问题时望而却步。因此，本部分就 DSGE 模型的构建流程进行阐述。应用 DSGE 模型研究相关问题，大致需以下 5 个步骤：模型建立、模型求解、参数估计、模型评估和应用分析。其研究思路和步骤可由下图 3－1 给出。

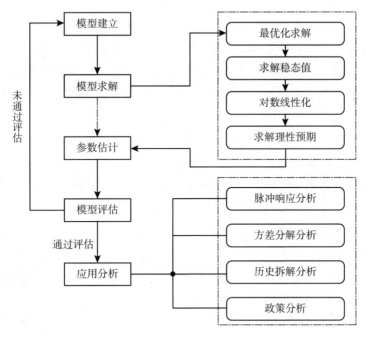

图 3－1　DSGE 模型构建的路线

第一步，模型建立。模型建立是在研究者确定研究问题后，通过对现实经济进行抽象，进而构建尽可能反映现实经济规律的模型。现实经济复杂多变，我们很难构建一个模型能够完全真实的反映现实经济，这就需要在对现实世界进行认识的基础上，对其进行抽象和简化，抓住现实经济的主要规律和主要矛盾，才能通过增加假设条件简化现实经济，进而构建模型研究其所关注的经济现象背后的核心问题。

DSGE 模型的建立作为其构建流程的第一步，也是最为关键的一步，这关系到所构建模型对现实经济的拟合程度。在 DSGE 模型的构建中，往往需在模型可行性和有效性间进行权衡。一方面，如果在模型建立中引入过多因素，虽然在一定程度上会更"真实"的刻画现实经济，但可能使模型过于复杂而不具有可操作性和可行性；另一方面，如果模型过于简化而忽略了现实经济中的主要因素，这时模型所反映出的经济规律与现实经济相去甚远，这一简化模型则因无法捕捉到现实经济的变化规律而毫无意义。因此，在构建 DSGE 模型时应在了解并抓住现实经济运行核心规律的基础上，才有可能构建一个兼顾可行性和有效性的 DSGE 模型。当然，这需要扎实的经济学理论基础以及足够的耐心和技巧，对模型进行反复尝试和修改。在经典的 DSGE 模型中，研究者一般将经济体系划分为家庭部门、生产部门和政府部门，通过目标函数、约束条件等反映参与主体的偏好、生产技术以及面临的约束。就家庭部门而言，家庭部门提供劳动并进行消费和储蓄，在一定的约束条件下追求无限期内预期效用的最大化，从而构成经济体系中的要素供给方和产品需求方；生产部门在特定的技术条件和要素需求下，追求利润的最大化，从而构成经济体系中的要素需求方和产品供给方，一般将生产部门细分为完全竞争市场条件下的中间品生产企业、最终品生产企业，以及垄断竞争生产条件下的零售企业；政府部门一般分为财政部门和中央银行部门，其作为经济体系中的重要参与者和干预者，通过制定财政政策和货币政策对宏观经济进行干预，以维护宏观经济稳定。在构建的一般均衡模型中，经济体系中的参与主体相互作用和影响，在均衡价格下达到各个市场供需均衡。

第二，模型求解。在 DSGE 模型建立之后需对模型进行求解，包括经济参与主体的最优决策求解、稳态值求解、对数线性化和理性预期求解。离散时间的 DSGE 模型，一般应用拉格朗日方法与动态优化方法求解经济参与主体的最优化决策。由最优决策条件、约束条件和市场出清条件得到带有理性预期和动态非线性的差分方程体系，由于 DSGE 模型中的内生变量一般较多，几乎不可能求解出其差分方程体系的解析解，一个可行的方法是将带有理性预期和动态非线性的差分方程体系在其稳态值附近进行对数线性化，从而将带有理性预期和动态非线性的差分方程体系转化为动态线性和理性预期的差分方程体系；再通过求解差分方程体系得到所有内生变量的表达式，其为内生变量滞后项和外生冲击的函数，即其表达式为状态空间方程；之后进行稳态值求解，即在稳态下求解内生变量的稳态值。

第三，参数估计。在得到状态空间模型之后，需对通过借助计量经济学方法给结构模型的参数赋值，主要有五类方法应用于 DSGE 模型参数的赋值：参数校准方法、广义矩估计法、模拟动差分估计法、极大似然法和贝叶斯估计法。其中，参数校准法通过借鉴已有学者对相应参数的估值作为参数的赋值（Kydland and Prescott，1982）；广义矩估计法应用广义矩估计这一计量方法估计结构模型的参数，详细论述见克里斯蒂亚诺和艾肯鲍姆（Christiano and Eichenbaum，1992）；模拟动差分估计通过使 DSGE 模型模拟生成的数据与实际数据的特征尽可能的接近，而估计出模型的结构参数，详见克里斯蒂亚诺等（2005）；极大似然估计法详见安德烈亚森（Andreasen，2010）的研究；贝叶斯估计模型的结构参数是一个较为有效的方法，其通过贝叶斯技术估计模型的结构参数，主要有以下 4 方面优势：一是相较于模拟动差估计方法基于数据某个方面的特征，贝叶斯估计基于数据的极大似然函数，使用了数据的全部信息；二是贝叶斯估计通过给定参数的先验分布，很好地克服了极大似然估计经常遇到的参数弱识别问题；三是相对于广义矩估计只针对模型的部分方程作局部估计，贝叶斯估计则是对整个模型系统作系统估计；四是由于构建 DSGE 模型的差异，参数校对则忽视了模型结构参数的特征。正是基于贝叶斯估计所具有的优势，本书主要采用贝叶斯方法估计模型的结构参数。

第四，模型评估。在构建结构模型研究所关注的问题时，一个重要的方面是对模型的可信度进行评估，这是一个必不可少的环节，因为这关系到你所得出的结论是否可靠，构建的模型是否较真实地反映了现实世界。若模型没有通过有效性评估，可能是因忽略了关键影响因素，则需要对建立的模型进行修改，并重复上面的步骤，直至模型通过有效性评估。目前评估 DSGE

模型有效性的指标有绝对指标和相对指标两大类。绝对指标主要评估模型对数据特性的匹配程度和数据的预测能力；相对指标主要比较多个备选模型的相对有效性。本书后面的研究采用绝对指标评估构建的 DSGE 模型有效性，即应用模型模拟数据与实际数据的标准差与相关系数，以及模型模拟数据与实际数据的完整自协方差，检验模型对数据特性的匹配程度。

第五，模型的应用分析。若构建的 DSGE 模型通过各项指标的评估得到一个有效的模型，则可利用该模型分析研究者所关注的问题。在 DSGE 模型的应用分析中，经常用到的技术方法有脉冲响应分析、方差分解分析、历史拆解分析和政策模拟分析。研究者可利用脉冲响应分析探讨外生冲击对经济体系核心变量（观测变量）的动态影响及其传导机制；利用方差分解分析可计算出各外生冲击因素对宏观经济观测变量波动的贡献程度；利用历史拆解分析可使研究者观测到样本区间内每一时点，外生冲击对宏观经济观测变量波动的影响方向和大小；政策模拟分析则可以让研究者评估政府某一政策调整，对宏观经济观测变量波动造成的短期和长期影响。有关 DSGE 模型构建流程及相关估计方法的阐述可详见张伟进（2014）。

3.2 线 性 化

3.2.1 对数线性化的介绍

对数线性化即为取自然对数后对其进行线性化。对数线性化并不神秘，关键是我们如何能够简单的完成线性化。我们经常将对数线性化表示为对数差分：

$$\hat{x}_t = \ln X_t - \ln X \tag{3.1}$$

其中，$\hat{x}_t$ 为对数差分，X 是 X_t 的稳态值。为展示对数线性化的必要性，将式（3.1）变换为：

$$\hat{x}_t = \ln\left(\frac{X_t}{X}\right) = \ln\left(1 + \frac{X_t}{X} - 1\right) = \ln\left(1 + \frac{X_t}{X} - \frac{X}{X}\right) = \ln\left(1 + \frac{X_t - X}{X}\right) \tag{3.2}$$

应用以下一阶泰勒展开：

$$f(x_t) \approx f(x) + f'(x)(x_t - x) \qquad (3.3)$$

其中，x 为 x_t 的稳态值。求 $\ln\left(1 + \frac{(X_t - X)}{X}\right)$ 关于 X_t 的导数可得：

$$\frac{\partial \ln\left(1 + \frac{X_t - X}{X}\right)}{\partial X_t} = \frac{1}{X_t} \qquad (3.4)$$

由一阶泰勒展开公式可得：

$$\hat{x}_t = \ln\left(1 + \frac{X_t - X}{X}\right) \approx \frac{1}{X}(X_t - X) \qquad (3.5)$$

将式（3.5）可变形为：

$$\hat{x}_t \approx \frac{1}{X}(X_t - X) = \frac{X_t}{X} - 1$$

$$X_t \approx X(\hat{x}_t + 1) \qquad (3.6)$$

至此可用式（3.6）替代所有变量。

3.2.2 一般方法

我们以柯布道格拉斯生产函数为例：

$$Y_t = K_t^{\alpha}(A_t L_t)^{1-\alpha} \qquad (3.7)$$

将式（3.7）两边取对数：

$$\ln Y_t = \alpha \ln K_t + (1-\alpha)\ln A_t + (1-\alpha)\ln L_t \qquad (3.8)$$

对每一变量在稳态值进行泰勒展开：

$$\ln Y_t = \ln Y + \frac{1}{Y}(Y_t - Y) \qquad (3.9)$$

$$\ln K_t = \ln K + \frac{1}{K}(K_t - K) \qquad (3.10)$$

$$\ln A_t = \ln A + \frac{1}{A}(A_t - A) \qquad (3.11)$$

$$\ln L_t = \ln L + \frac{1}{L}(L_t - L) \qquad (3.12)$$

将上面四个泰勒展开将式（3.9）、式（3.10）、式（3.11）、式（3.12）带入式

(3.8)，消掉稳态条件下的变量，可得到柯布道格拉斯函数的近似线性表达式为：

$$\frac{Y_t}{Y} = \alpha \frac{K_t}{K} + (1 - \alpha) \frac{A_t}{A} + (1 - \alpha) \frac{L_t}{L} \tag{3.13}$$

就像您所看到的那样，其结果并不是对数差分形式，如果函数形式比较复杂，则完全可以应用其他方法进行线性化。

3.2.3　全微分方法

本部分主要解释将 dX 代替 $X_t - X$。以加利和蒙纳切利（Gali and Monacelli，2005）的研究为例，在研究中如何进行线性化。在加利和蒙纳切利的研究中：

$$C_{H,t} = (1 - \alpha) \left(\frac{P_{H,t}}{P_t} \right)^{-\eta} C_t \tag{3.14}$$

$$C_{F,t} = \alpha \left(\frac{P_{F,t}}{P_t} \right)^{-\eta} C_t \tag{3.15}$$

式（3.14）和式（3.15）分别表示最优消费在国内消费品和国外消费品间的分配。对第一个等式两边同时取对数可得：

$$\ln C_{H,t} = \ln(1 - \alpha) - \eta \ln P_{H,t} + \eta \ln P_t + \ln C_t \tag{3.16}$$

对式（3.16）中的每一项在其稳态值求全微分可得：

$$\frac{1}{C_H} dC_{H,t} = -\eta \frac{1}{P_H} dP_{H,t} + \eta \frac{1}{P} dP_t + \frac{1}{C} dC_t \tag{3.17}$$

其中，C_H、P_H 和 P 分别表示相应变量的稳态值。将式（3.17）可以写为以下对数差分的形式：

$$\hat{c}_{H,t} = -\eta (\hat{p}_{H,t} - \hat{p}_t) + \hat{c}_t \tag{3.18}$$

对另一等式两边同时取对数可得：

$$\ln C_{F,t} = \ln(\alpha) - \eta \ln P_{F,t} + \eta \ln P_t + \ln C_t \tag{3.19}$$

在稳态值求全微分可得：

$$\frac{1}{C_F} dC_{F,t} = -\eta \frac{1}{P_F} dP_{F,t} + \eta \frac{1}{P} dP_t + \frac{1}{C} dC_t \tag{3.20}$$

其对数差分的形式可以表示为：

$$\hat{c}_{F,t} = -\eta (\hat{p}_{F,t} - \hat{p}_t) + \hat{c}_t \tag{3.21}$$

应用全微分的方法将式（3.20）和式（3.21）转换为对数差分的形式，要比应用泰勒展开的方法来的简单些，这也是我们经常不直接应用泰勒展开方法进行线性化的原因。

3.3　DSGE 模型参数的贝叶斯估计

宏观计量模型的一个重要课题就是将理论模型与实际数据相匹配。DSGE 模型通过参数的校准和贝叶斯估计，依据理论模型匹配实际数据的程度，判断模型的优劣，并用于定量分析。由于 DSGE 模型的结构复杂，用于定量分析的参数估计往往比较困难，需对模型的参数估计做以下说明。

DSGE 模型参数的估计方法主要有校准法、MLE（极大似然估计）和贝叶斯估计方法。由于数据样本和数据质量的限制，用贝叶斯方法确定全部参数的值往往面临挑战，甚至有时不能由贝叶斯方法直接获得，而需由参数校准的方法给参数赋值，因此，在 DSGE 的理论研究和实证研究中，往往采用校准和贝叶斯估计相结合的方法给参数赋值。DSGE 模型的参数分为反映模型稳态特征和动态特征的参数，前者一般采用校准的方法给参数赋值，后者一般采用贝叶斯估计的方法来确定。校准法根据经验研究，直接给未知参数赋值，其基本思想是使模型的理论矩尽可能地与观测数据相一致，该方法能够对政策变化的理论意义进行评价；贝叶斯估计方法是基于似然函数的完全信息方法，其通过基于卡尔曼滤波得到的似然函数或者后验分布的最优解得到参数的估计值。由于完全信息法应用了模型的所有信息，因此被认为是有效的。在勃兰登堡（Schorfheide，2000）之后，利用贝叶斯方法估计 DSGE 模型逐渐成了一种趋势和必然的选择。贝叶斯方法可以将先验信息与样本信息相结合，形成一个逻辑一致的框架，从而得到模型参数的后验分布，并应用后验概率对模型进行检验和评估。当参数的分布标准差为零时，就等价于参数的校准。本章是在 Matlab 环境下调用 YADA 程序实现的，所用的参数估计方法也为贝叶斯方法，因此，本小节重点介绍参数估计的贝叶斯方法。

假定观测变量的数据集为：$Y^T = \{y_t\}_{t=1}^T \in R^{N \times T}$，模型的参数集为：$\Omega_i \in R^{K_i}$，参数的先验密度函数为：$\pi(\theta)$，似然函数为：$p(y^T | \theta, i)$，对似然函

数进行迭代可得：

$$p(y^T \mid \theta, i) = p(y_0 \mid \theta, i) \prod_{t=1}^{T} p(y_t \mid y^{T-1}, \theta, i) \qquad (3.22)$$

由此可得到参数的后验密度函数为：

$$p(\theta \mid y^T, i) = \frac{p(y^T \mid \theta, i) \pi(\theta \mid i)}{p(y^T \mid i)} \qquad (3.23)$$

其中，$p(y^T \mid i)$ 表示模型 i 的边缘密度函数。以上式为基础，贝叶斯估计以观测变量的数据集 Y^T 和参数 θ_i 的数值集 Ω_i 为条件应用卡尔曼滤波估计参数的后验分布。但在应用卡尔曼滤波估计参数的后验分布时，首先，需将模型的测量方程和观测方程变换为线性方程，且外生冲击为白噪声过程；其次，最大化参数值的后验概率，进而求得 θ_i 的后验众数；最后，以模型参数的后验众数为起点进行抽样，应用 MH 算法模拟参数的后验密度函数，由此获得参数后验分布的中位数、均值和置信区间的估计值等。

求解参数的后验分布密度函数是一件复杂的问题，其后验密度函数可以表示为：

$$\pi(\theta \mid y^T, \Omega) = \frac{p(y^T \mid \theta) \pi(\theta)}{\int p(y^T \mid \theta) \pi(\theta) d\theta} \qquad (3.24)$$

式（3.24）可以看作基于模型和参数的条件概率，其中，分母为模型数据的边缘密度函数，分子是后验核，是先验分布与后验分布的乘积。由于似然函数 $p(y^T \mid \theta, i)$ 是参数 θ 的复杂函数，往往不存在解析解，而无法求得后验分布的完整特征。随着计算机和计算算法的发展，可以利用 McMc 方法给予解决，通过用 MH 算法构建 Markov 链，则其目标分布的马尔科夫链为：$\pi(\theta \mid Y^T)$。具体的计算过程如下：首先，给参数 θ_i 赋初始值 θ_i^*，并将线性化后的方程体系表示成状态空间方程的形式，计算 $\pi(\theta_i)$ 和 $p(y^T \mid \theta_i)$；其次，从均匀分布中随机抽取一随机数 $u_i \sim U(0, 1)$，若 $u_i \leqslant \dfrac{p(\theta_i^* \mid Y^T)}{p(\theta_{i-1} \mid Y^T)}$，则令 $\theta_i = \theta_i^*$，否则 $\theta_i = \theta_{i-1}$，并重复上一步重新进行一次迭代，直至迭代次数等于设定的迭代次数。由此可知，接受新样本的概率为：

$$\min\left[1, \frac{p(\theta_i^* \mid Y^T)}{p(\theta_{i-1} \mid Y^T)}\right]$$

即以概率 1 接受增加后验概率的抽样，否则以小于 1 的概率接受抽样，并以一定概率朝着后验概率更高或更低的区域抽样，以避免陷入局部最优。应用McMc 算法，在执行了多次迭代并完成贝叶斯推断后，便可得到一个近似的模型参数的后验分布，进而得到参数的均值和标准差等。其中，贝叶斯推断基于不同模型的边缘数据密度。假设有 i 个模型，则第 i 个模型的边缘数据密度函数为：

$$F_i(Y^T) = \int_{\Omega_i} p_i(Y^T, \theta_i) d\theta_i = \int_{\Omega_i} p_i(Y^T \mid \theta_i) p(\theta_i) d\theta_i \qquad (3.25)$$

则在模型 h 和模型 w 具有相同的先验概率下，选择模型边缘数据密度比 $\left(\dfrac{F_h}{F_w}\right)$ 大的模型。

由上述求解过程可知，应用贝叶斯方法估计参数的步骤可以简述为：由样本数据的信息和先验分布，依据贝叶斯理论获得参数的后验理论模型，进而对模型的参数进行估计和检验。贝叶斯估计的基本原理见图 3－2 所示：

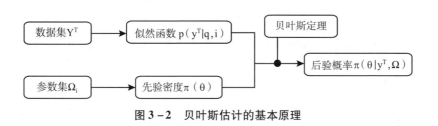

图 3－2　贝叶斯估计的基本原理

3.4　一个简单的 DSGE 模型示例

本章以安和勃兰登堡（An and Schorfheide，2007）构建的 DSGE 模型为示例，解析构建 DSGE 模型的流程。安和勃兰登堡（An and Schorfheide，2007）构建的模型所抽象出的经济系统，包括最终品生产企业、中间品生产企业、代表性家庭部门以及中央银行和财政部门。这一对现实经济抽象化的模型，已成为应用 DSGE 模型进行货币政策分析的基础模型。

3.4.1 经济系统的参与主体及其决策

处于完全竞争市场的最终品生产部门将中间品市场企业 $j \in [0, 1]$ 生产的中间品应用以下技术组装成最终品：

$$Y_t = \left(\int_0^1 Y_t(j)^{1-v} dj \right)^{\frac{1}{1-v}} \quad (3.26)$$

其中，$\frac{1}{v} > 1$ 表示中间品的需求弹性。最终品生产企业以价格 $P_t(j)$ 投入中间品而生产的最终品的价格为 P_t。由最终品生产企业的利润最大化可推导得到：

$$Y_t(j) = \left(\frac{P_t(j)}{P_t} \right)^{-\frac{1}{v}} Y_t \quad (3.27)$$

最终品价格与中间品价格间的关系如下：

$$P_t = \left(\int_0^1 P_t(j)^{\frac{v-1}{v}} dj \right)^{\frac{v}{v-1}} \quad (3.28)$$

中间品生产企业 j 在垄断竞争市场下以线性生产技术进行生产：

$$Y_t(j) = A_t N_t(j) \quad (3.29)$$

其中，A_t 为外生技术冲击。处于完全竞争市场的劳动力可获得的实际工资为 W_t。产品市场存在名义价格粘性，价格调整的成本如下：

$$AC_t(j) = \frac{\phi}{2} \left(\frac{P_t(j)}{P_{t-1}(j)} - \pi \right)^2 Y_2(j) \quad (3.30)$$

其中，ϕ 表示经济中的价格粘性，π 为最终品稳态时的通货膨胀率。公司 j 选择劳动投入 $N_t(j)$ 和价格 $P_t(j)$ 以最大化未来利润的现值：

$$E_t \left[\sum_{s=0}^{\infty} \beta^s Q_{t+s} \left(\frac{P_{t+s}(j)}{P_{t+s}} Y_{t+s}(j) - W_{t+s} N_{t+s}(j) - AC_{t+s}(j) \right) \right]$$

其中，Q_{t+s} 表示每单位消费品对于家庭的边界价值，其对于企业来说是外生的。

代表性家庭持有货币 $\frac{M_t}{P_t}$ 和消费 C_t 带来正效用。我们假设代表性家庭的消费习惯受到技术水平 A_t 的影响，这一设定使得经济遵循均衡增长路径。代表性家庭的效用函数为：

$$E_t\left[\sum_{s=0}^{\infty}\left(\frac{\left(\dfrac{C_{t+s}}{A_{t+s}}\right)^{1-\tau}-1}{1-\tau}+\chi_M\ln\left(\frac{M_{t+s}}{P_{t+s}}\right)-\chi_H H_{t+s}\right)\right]$$

其中，β 为贴现因子，$\dfrac{1}{\tau}$ 为跨期替代弹性，χ_M 和 χ_H 分别表示持有实际货币余额的效用贡献程度和劳动的效用贡献程度。代表性家庭能够进入国内债券市场，债券的收益率为 R_t，从企业获得的实际利润为 D_t，加总后的税收支付为 T_t，则代表性家庭面临以下预算约束条件：

$$P_tC_t+B_t+M_t-M_{t-1}+T_t=P_tW_tH_t+R_{t-1}B_{t-1}+P_tD_t \tag{3.31}$$

货币政策的调整遵循如下规则：

$$R_t=R_t^{*\,1-\rho_R}R_{t-1}^{\rho_R}e^{\varepsilon_{R,t}} \tag{3.32}$$

其中，$\varepsilon_{R,t}$ 表示货币政策冲击，R_t^* 表示名义目标利率。对于 R_t^* 我们考虑两种情形，一是中央银行对通货膨胀和产出缺口做出政策调整：

$$R_t^*=r_{\pi^*}\left(\frac{\pi_t}{\pi^*}\right)^{\psi_1}\left(\frac{Y_t}{Y_t^*}\right)^{\psi_2} \tag{3.33}$$

二是中央银行对产出增长偏离其均衡稳态值 r 做出政策调整：

$$R_t^*=r_{\pi^*}\left(\frac{\pi_t}{\pi^*}\right)^{\psi_1}\left(\frac{Y_t}{\gamma Y_{t-1}}\right)^{\psi_2} \tag{3.34}$$

其中，r 表示实际利率的稳态值，$\pi_t=\dfrac{P_t}{P_t}$，π^* 为目标通货膨胀率，与稳态时的通货膨胀率一致，Y_t^* 为无名义粘性时的产出水平。

财政部门消费占总产出 Y_t 的比例为 ς_t，$\varsigma_t\in[0,1]$。在加总税收下，财政部门面临的预算约束为：

$$P_tG_t+R_{t-1}B_{t-1}=T_t+B_t+M_t-M_{t-1} \tag{3.35}$$

3.4.2 外生冲击

安和勃兰登堡（An and Schorfheide，2007）构建的经济系统受到三个方面的外生冲击。一是总产出的更新方程为：

$$\ln A_t=\ln\gamma+\ln A_{t-1}+\ln z_t,\quad \ln z_t=\rho_z\ln z_{t-1}+\varepsilon_{z,t} \tag{3.36}$$

定义 $g_t = \dfrac{1}{(1 - \varsigma_t)}$，设定：

$$\ln g_t = (1 - \rho_g)\ln g + \rho_g \ln g_{t-1} + \varepsilon_{g,t} \tag{3.37}$$

货币政策冲击 $\varepsilon_{R,t}$ 不存在序列相关。经济系统面临的三个冲击相互独立，服从均值为 0，方差分别为 σ_z、σ_g 和 σ_R 的正太分布。

3.4.3 均衡关系

中间品生产企业在同一决策下，可忽略掉下标 j，由市场出清可得：

$$Y_t = C_t + G_t + AC_t \tag{3.38}$$

$$H_t = N_t \tag{3.39}$$

由最优化条件可得产出、消费、利率和通货膨胀满足式（3.40）：

$$1 = \beta E_t \left[\left(\frac{\frac{C_{t+1}}{A_{t+1}}}{\frac{C_t}{A_t}} \right)^{-\tau} \frac{A_t}{A_{t+1}} \frac{R_t}{\pi_{t+1}} \right] \tag{3.40}$$

$$1 = \frac{1}{v}\left[1 - \left(\frac{C_t}{A_t} \right)^{\tau} \right] + \phi(\pi_t - \pi)\left[\left(1 - \frac{1}{2v} \right)\pi_t + \frac{\pi}{2v} \right]$$

$$- \phi\beta E_t \left[\left(\frac{\frac{C_{t+1}}{A_{t+1}}}{\frac{C_t}{A_t}} \right)^{-\tau} \frac{\frac{Y_{t+1}}{A_{t+1}}}{\frac{Y_t}{A_t}} (\pi_{t+1} - \pi)\pi_{t+1} \right] \tag{3.41}$$

当名义粘性 $\phi = 0$ 时，总产出可由式（3.42）给出：

$$Y_t^* = (1 - v)^{\frac{1}{\tau}} A_t g_t \tag{3.42}$$

其中，Y_t^* 为产出的目标水平。非固定的技术过程 A_t 引入了产出和消费的随机趋势，因此可将消除趋势项后的消费和产出表示为：$c_t = \dfrac{C_t}{A_t}$ 和 $y_t = \dfrac{Y_t}{A_t}$。冲击项 $\varepsilon_{R,t}$、$\varepsilon_{g,t}$ 和 $\varepsilon_{z,t}$ 在任意时点为 0 时，可由本经济模型推导得到无趋势项变量的唯一稳态值。稳态时的通货膨胀率 π 等于通货膨胀率的目标值 π^*，$r = \dfrac{\gamma}{\beta}$，$R = r\pi^*$，$c = (1 - v)^{\frac{1}{\tau}}$，$y = g(1 - v)^{\frac{1}{\tau}}$。

令 $x_t = \ln\left(\dfrac{x_t}{x}\right)$ 为 x_t 在稳态值 x 时的自然对数。由安和勃兰登堡（An and Schorfheide，2007）构建模型的最优决策一阶条件、资源约束条件及市场出清条件构成非线性方程体系，构成了对整个经济系统的描述。对该非线性方程体系进行对数线性化处理，可得到 6 个线性随机方程，描述了去除趋势项后的产出（y_t）、消费（c_t）、政府支出（g_t）、技术冲击（z_t）、通货膨胀（π_t）和短期名义利率（R_t）的动态演化过程。其构成的线性化方程体系如下：

$$\hat{c}_t = E_t\hat{c}_{t+1} - \frac{1}{\tau}(\hat{R}_t - E_t\hat{\pi}_{t+1} - E_t\hat{z}_{t+1}) \tag{3.43}$$

$$\hat{\pi}_t = \beta E_t\hat{\pi}_{t+1} + k(\hat{y}_t - \hat{g}_t) \tag{3.44}$$

$$\hat{y}_t = \hat{c}_t + \hat{g}_t \tag{3.45}$$

$$\hat{R}_t = \rho_R\hat{R}_{t-1} + (1-\rho_R)\psi_1\pi_t + (1-\rho_R)\psi_2(\Delta\hat{y}_t + \hat{z}_t) + \varepsilon_{R,t} \tag{3.46}$$

$$\hat{g}_t = \rho_g\hat{g}_{t-1} + \varepsilon_{g,t} \tag{3.47}$$

$$\hat{z}_t = \rho_z\hat{z}_{t-1} + \varepsilon_{z,t} \tag{3.48}$$

借此，可应用 YADA 程序包中安和勃兰登堡所提供的程序，在 MATLAB 窗口下估计上述线性随机方程体系的参数，并对模型进行评估、脉冲响应分析、历史拆解分析和政策模拟分析。

第 4 章
金融摩擦、货币政策与宏观经济波动

4.1 引　言

进入 21 世纪以来，尽管我国相较于其他国家一直保持了较高的经济增长速度，但我国的经济增长近几年并不平稳：2007 年美国爆发的次贷危机向全球的蔓延，给我国经济造成了较大的冲击，GDP 累计同比实际增速由 2008 第 1 季度的 11.3% 下降到 2009 年第 1 季度的 6.6%。为应对次贷危机给经济造成的不利冲击，我国政府推出了一定程度的宽松货币政策，宏观经济在一系列的政策刺激下逐渐复苏，通货膨胀也随之增加。但宏观经济在经历了短暂的复苏之后随之面临较大的下行压力，GDP 累计同比实际增速由 2010 年第 1 季度的 12.1% 下降到 2013 年第 4 季度的 7.67%。在次贷危机之后，我国经济平稳增长面临的严峻挑战，越来越受到研究者和货币政策当局的关注。

运用货币政策平滑经济波动是各国中央银行达到其经济目标的普遍做法，货币政策的调整也因此反映了货币政策当局调控经济的意图。次贷危机之前我国经济面临的通胀压力、次贷危机时期的经济增速下滑，以及后危机时期所面临的更复杂的经济形势，我国货币政策当局采取了一系列的货币政策措施，试图维持经济增长平滑经济波动。因此，无论是研究者还是货币政策当局，都十分关注我国货币政策的宏观经济效应。

学者已从理论推导和实证分析两个层面对货币政策的宏观经济效应做了研究，并取得了一定的研究成果，其中，应用 DSGE 模型研究货币政策的宏观经济效应受到了学者极大地关注。近年来，国内部分学者也开始尝试应用 DSGE 模型对我国货币政策的宏观经济效应进行研究。与国内现有文献相比，本书构建的纳入银行部门等经济主体的 NK – DSGE 模型，具有以下几个方面的特点。（1）本书构建的商业银行系统包括赤字银行和盈余银行，赤字银行以利润最大化为目标，在不同经济环境下调整其投资组合的资产在债券投资和企业信贷间的配置，这一设定更符合商业银行的一般特征。市场中可供商业银行选择的资产不只有企业信贷，还有债券投资，在信贷市场和债券市场发生变化时，商业银行以利润最大化为目标调整投资组合中的资产配置，这一认知已在吉里（Giri，2014）等的研究中得到了证实，而国内现有的研究或设定商业银行中性或设定商业银行的资产仅包含企业信贷。（2）将商业银行系统拆分为赤字银行和盈余银行，能够恰当的引入银行间拆借利率，银行间拆借利率反映了银行内部资金转移的成本（FTP）。本书将银行间拆借利率通过银行内部转移定价与银行间债券回购利率、存贷款利率建立联系，进而能够对以银行间拆借利率为中介目标的货币政策效应进行研究。（3）本书构建的金融摩擦借鉴赫尔曼和卡德罗尼（Jermann and Quadrini，2013）的研究，包括了企业对股权融资与债权融资的内生选择，进而弱化了间接融资约束对企业造成的冲击，这更符合一般企业的特征。企业获得融资的额度受其抵押品价值的影响，两者比值的变化包含了中央银行的信贷调控、金融机构的风险规避等更多外在因素对金融摩擦冲击的影响。（4）本书对 NK – DSGE 模型的估计，采用参数校准和贝叶斯估计相结合的方法，对反映模型稳态特征的参数采用校准的方法进行赋值，对反映模型动态特征的参数采用贝叶斯方法估计参数的值。应用贝叶斯方法估计反映模型动态特征的参数，能够克服大多数研究采用校准法给参数赋值所带有的主观性，进而提高模型对数据的模拟效果，也能够避免从参数校准的模型所得到的观测变量的脉冲响应不能作为典型事实的不足，且从多个指标对模型有效性的检验，证实了模型具有较高的可信度，并给出了货币政策对宏观经济观测变量的脉冲响应及其历史影响程度和方向。因此，本书构建的含有银行部门、银行间拆借市场、银行间债券回购市场和金融摩擦等经济金融因素的 NK – DSGE 模型，为考察我国货币政策冲击所可能引致的宏观经济效应提供了新的视角，以期能对现有研究做出补充。

4.2 文 献 综 述

近年来，动态随机一般均衡（DSGE）模型已成为国内外学者研究经济波动的一般范式。在次贷危机发生之前，国内外学者在研究经济波动时，无论是应用实际经济周期（RBC）理论，还是采用伯南克等（Bernanke et al.，1999）提出的金融加速器理论，都未能将一个有效的银行部门纳入模型：RBC 理论忽视了信贷市场对实体经济的影响，伯南克等提出的金融加速器理论仅强调了信息不对称对企业外部融资升水的影响，以及抵押资产价值对信贷约束的影响。相关的代表性研究主要有伯南克和格特勒（Bernanke and Gertler，1989）、赫尔曼和卡德罗尼（2012）、古德弗兰德（Goodfriend，2007）等。在美国的次贷危机中，银行部门在危机中的作用受到越来越多学者的重视，并试图将银行部门纳入 DSGE 模型，研究银行部门对经济波动的影响。克里斯蒂亚诺等（Christiano et al.，2007a）和斯梅茨等（Smets et al.，2007）的研究认为，不应忽视金融冲击对经济的影响。格特勒和卡拉迪（2011）将银行部门纳入新凯恩斯模型，研究了金融机构的决策行为与企业外部融资成本之间的关系，当经济受到外在冲击而使银行的净资产减少时，银行的信贷总额下降，企业的外部融资成本增加，进而放大对实体经济的冲击。哈尔伯格和霍拉（2011）将银行间市场引入新凯恩斯模型的研究显示，中央银行"逆风向而行"（lean against the wind）的非常规货币政策，能够缓解银行间市场的流动性短缺。哈弗斯特德和史密斯（2012）将垄断竞争的银行部门引入动态一般均衡的框架，研究发现，银行部门在信贷的发放中扮演了重要的角色，来源于金融机构的供给和需求面的冲击具有较大的宏观经济效应，但若中央银行对信用价差做出反应则会减弱这一效应。王和温（Wang and Wen，2012）构建了具有资产价格泡沫的 DSGE 模型，解释了资产价格泡沫与实际产出的周期波动。哈杰（2013）在 DSGE 模型的框架下研究了商业银行调整存贷款利率对货币政策传导渠道的影响，商业银行对存贷款利率的调整在一定程度上抵消了货币政策当局平滑经济周期波动的努力。吉里（2014）基于 DSGE 模型的框架，研究了银行间市场波动对宏观经济周期的影响，并很好地捕捉到了 2007 年次贷危机时期欧盟银行间市场的萎缩，以及资本向优质资产逃离的机制。克里斯蒂亚诺等（Christiano et al., 2008）、安杰洛尼和法亚（Angeloni and Faia, 2010）、格特勒和卡拉迪（2011）等也对银行部门与宏观经济波动的关系进行了研究。

然而，上述文献均是对西方等发达经济体的研究，能否解释中国的经济波动则需要加以验证。国内学者对相关问题进行了研究，如李连发和辛晓岱（2012）在非 DSGE 框架下分析了银行信贷冲击对宏观经济的影响，但无法定量分析金融冲击对经济波动的历史贡献程度。许伟和陈斌开（2009）基于包含银行部门的 DSGE 模型，应用参数校准、最小二乘估计和 GMM 估计方法，研究了银行信贷与经济波动的关系。张伟进和方振瑞（2013）在未引入银行部门的 DSGE 框架下，研究了金融摩擦对经济波动的影响。刘鹏和鄢莉莉（2012）基于 DSGE 模型，研究了银行体系的效率会减弱技术冲击对经济的影响。康立等（2013）基于参数校准法并包含银行的两部门 DSGE 模型，研究了经济波动在不同部门之间的传导。

透过对相关文献的梳理和综述可以看出，DSGE 模型已成为国内外学者研究货币政策对经济影响的重要范式，部分学者应用 DSGE 模型对我国货币政策的效应做了检验，得出了许多有意义的研究结论，但必须承认的是许多研究相对而言还处于起步阶段，还缺乏严格依据经济学理论并紧密结合我国经济特征的开创性研究。就我国经济运行的实际而言，银行部门是我国金融体系的核心，在货币政策的传导中发挥重要作用，但应用 DSGE 模型分析以银行间拆借利率为中介目标的效应时，现有文献未能将银行间拆借利率通过一个有效的银行部门引入 DSGE 模型。相关研究或设定银行部门中性，或设定银行部门的资产仅拥有企业信贷，或忽视债券市场、金融摩擦等外生冲击对宏观经济的影响，这不符合我国实际经济的运行。以往一些将银行部门引入 DSGE 模型的研究，在估计模型参数时，或采用校准方法，或采用最大似然法给参数赋值，从而使参数的赋值或带有主观性，或存在信息损失，且部分研究未对模型的有效性进行检验。还有一些 DSGE 模型的设定过于主观，如将信贷直接引入企业部门的生产函数，或未给出明确的约束条件等，使得模型的一般均衡框架与最终结论的联系不强。

4.3　DSGE 模型的构建

本节主要描述所构建的 NK – DSGE 模型的经济环境。为了对外生冲击结构进行最小的限制，本文构建的 NK - DSGE 模型包含了货币政策冲击等 7 种外生冲击，涵盖了我国宏观经济受到的主要冲击，使之能够较好的拟合观测变量的特征，进而分析我国货币政策对观测变量的影响程度和方向。其中，货币政策冲击反映了中央银行调控宏观经济态度的转变；全要素生产率冲击能够改变企业的生产效率，反映在产出的变化上；投资效率冲击影响投资转化为资本的效率，进而影响资本的积累；金融摩擦冲击则会改变企业融资的约束条件；其余 3 个外生冲击分别来源于信贷市场、银行间债券回购市场和财政支出①。

本书构建的 DSGE 模型包含的金融因素，如企业对债权融资与股权融资的内生选择、信贷余额与企业抵押资产价值的比所反映的金融摩擦、银行部门在企业信贷与债券间的资产配置、信贷市场的波动，以及银行间拆借市场和银行间债券回购市场的引入等，夯实了模型中金融部门与实体经济之间的联系，增强了模型定量分析我国货币政策宏观经济效应的可靠性。

如图 4 - 1 所示，模型中的经济行为参与主体包括家户单位、企业部门、银行部门和政府部门。其中，家户单位通过选择劳动的供给量、消费、储蓄等追求永久预期效用的最大化。企业部门包括中间品生产企业、最终品生产企业和零售企业，中间品生产企业通过选择雇用的劳动量、企业的资本投入量等生产同质的中间品，企业在信贷融资受到约束时可内生选择股权融资，且中间品生产企业以一定的投资效率将投资与上一期折旧后的资本作为企业新的资本。银行部门包括盈余银行和赤字银行，盈余银行吸收家庭存款，向家庭支付利息，并将资金以银行间拆借利率的价格拆借给赤字银行。赤字银行通过向盈余银行拆借获得资金，并将自有资本和拆借获得的资本用于企业信贷和债券投资，在不同经济环境下，赤字银行通过调整资本在企业信贷和债券投资间的资产配置，以实现利润的最大化，并在期末将利润转化为赤字银行的资本。政府部门包括执行货币政策的中央银行，以及执行财政政策的财政部门，财政部门通过征收税收和发行债券获得财政支出的资金，中央银行依据经济形式的变化调整银行间拆借利率，且银行间拆借利率在一定程度上影响银行间债券回购市场的收益。本书构建的 NK - DSGE 模型的经济结构可由图 4 - 1 描述。

---

① 由于本书研究的侧重点在于货币政策问题，因此本书并未过多涉及其他外生冲击对实际产出等观测变量的影响，相关分析可向作者索要。

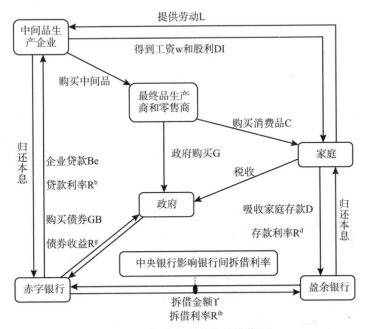

图 4-1　经济运行结构的横截面

接下来将对经济环境的运行做更详细的描述。

4.3.1　家户单位

假设经济体中存在无限期生存的家户单位，每一期家户单位选择劳动的供给量 L_t 和消费 C_t，并将多余的资金进行储蓄并获得利息收益，以实现跨期效用的预期最大化。代表性家户单位的预期最大化效用为：

$$\max E_0 \sum_{t=0}^{\infty} \beta^t \left[\ln C_t - \frac{L_t^{1+\sigma_L}}{1+\sigma_L} \right] \tag{4.1}$$

代表性家户单位的预算约束条件为：

$$C_t + D_t = w_t L_t + (1 + R_{t-1}^d) \frac{D_{t-1}}{\pi_t} + DI_t + F_t - T_t \tag{4.2}$$

其中，$\beta \in [0, 1]$ 为贴现因子，σ_L 表示家户单位劳动的供给弹性，F_t 表示企业部门的利润，T_t 为政府部门向家户单位征收的净税收，D_t 为居民储蓄，R_{t-1}^d 为 $t-1$ 的存款利率，DI_t 为企业发放的股利。由家户单位预期效用最大化的一阶条件，可以得到消费的欧拉方程和劳动的供给方程，如式（4.3）和式（4.4）所示：

$$w_t = C_t L_t^{\sigma_L} \tag{4.3}$$

$$\frac{1}{C_t} = \beta E_t \left(\frac{1 + R_t^d}{C_{t+1} \pi_{t+1}} \right) \tag{4.4}$$

由家户单位的预算约束条件和效用函数，可以得到单位资源带给家户单位的效用为：$\Lambda_t = \dfrac{1}{C_t}$，其被称为家庭预算约束式的拉格朗日算子。

4.3.2 中间品生产部门

经济体系中的生产部门包括中间品生产部门、最终品生产部门和零售部门。中间品生产部门生产同质的中间产品，中间品生产企业处于完全竞争市场，并将其生产的中间产品出售给最终品生产商。中间品生产部门通过向家户单位购买劳动 L_t 和 $t-1$ 期的资本存量 K_{t-1}，以规模报酬不变的 Cobb – Douglas 生产函数进行生产：

$$Y_t^w = A_t L_t^{1-\alpha} K_{t-1}^{\alpha} \tag{4.5}$$

其中，L_t 和 K_{t-1} 分别表示中间品生产企业的劳动投入量和资本投入量，α 为资本的产出弹性，$1-\alpha$ 为劳动的产出弹性，A_t 为全要素生产率，反映了中间品生产企业生产效率的变化，假设其变动满足以下 AR（1）过程：

$$\log(A_t) = \rho_A \log(A_{t-1}) + (1 - \rho_A) \log(\overline{A}) + \sigma_A \varepsilon_{A,t}, \ \rho_A \in (0, 1) \tag{4.6}$$

其中，$\overline{A}$ 为稳态时的全要素生产率，$\varepsilon_{A,t}$ 服从标准正态分布，表示外生的技术冲击，σ_A 为外生冲击的标准差。

中间品生产企业以一定的投资效率将投资 I_t 转化为实值资本，并和上一期折旧后的资本一起作为企业新的资本，则中间品生产企业资本累计的更新方程为：

$$K_t = (1 - \delta_k) K_{t-1} + e_{I,t} \left[1 - \phi \left(\frac{I_t}{I_{t-1}} \right) \right] I_t \tag{4.7}$$

其中，δ_k 表示资本的折旧率，$\phi(\cdot)$ 表示投资的调整成本，且满足 $\phi(1) = \phi'(1) = 0$，$\phi''(\cdot) > 0$，中间品生产企业的投资存在调整成本，使得资本的价格随投资调整成本的变动而变动，$e_{I,t}$ 表示投资转化为实值资本的效率，其变动满足以下 AR（1）过程：

$$\log(e_{I,t}) = \rho_I \log(e_{I,t-1}) + \sigma_I \varepsilon_{I,t} \qquad (4.8)$$

其中，$\varepsilon_{I,t}$ 服从标准正态分布，表示外生投资效率变动造成的冲击，σ_I 表示外生投资效率变动的标准差。借鉴赫尔曼和卡德罗尼（2012）的研究，将预算约束和信贷约束引入中间品生产企业的决策，中间品生产企业面临的预算约束为：

$$w_t L_t + I_t + DI + \frac{\gamma(DI_t - \overline{DI})^2}{2} + \frac{z_{t-1}}{P_t} = \frac{P_t^w}{P_t} Y_t^w + \frac{z_t}{(1 + (1-\tau) R_t^b) P_t} \qquad (4.9)$$

其中，DI_t，$\overline{DI}$ 和 P_t^w 分别表示中间品生产企业在 t 期发放的股利、发放股利的稳态值和中间产品的批发价格，z_t 表示中间品生产企业跨期的债务融资额。从中间品生产企业的预算约束条件可以看出，中间品生产企业的工资支付、投资、股利支付、股利的变动成本和上一期实际融资债务的支付，等于生产企业的销售收入与实际的债务融资之和。由于债务融资对企业来说具有税收优势，企业单位债务融资的实际成本可以表示为 $1 + (1-\tau) R_t^b$，其中，参数 τ 表示企业所得税税率。

中间品生产企业还面临以下的信贷约束：

$$w_t L_t + I_t + \frac{z_t}{(1 + R_t^b) P_t} \leqslant m_t K_t \qquad (4.10)$$

其中，$w_t L_t + I_t$ 为中间品生产企业的期间内贷款，表示中间品生产企业在期初需要支付的劳动报酬和投资，由于是期间内支付，可以假设期间内贷款无利息成本，且企业在期初获得价格为 $\frac{1}{(1 + R_t^b)}$ 的跨期债务融资。由于信用摩擦的存在，中间品生产企业所能获得的融资额度为其固定资本的一个比例 $m_t K_t$，其中，m_t 表示企业的抵押贷款与其抵押资产价值比值的上限，为企业面临的信贷约束冲击。中间品生产企业面临的信贷约束冲击，可能会受到利率政策、政府的信贷调控等因素的影响，本书设定信贷约束冲击的变动满足以下 AR（1）过程：

$$\log(m_t) = (1 - \rho_m) \log(\overline{m}) + \rho_m \log(m_{t-1}) + \sigma_m \varepsilon_{m,t}, \rho_m \in (0, 1) \qquad (4.11)$$

其中，$\overline{m}$ 为抵押贷款与抵押资产价值比值的稳态值，$\varepsilon_{m,t}$ 服从标准正态分布，表示外生的金融冲击，σ_m 表示外生金融冲击的标准差。用 $\eta_{b,t} B_t$ 表示中间品生产企业获得的贷款额，且 $(1 + R_t^b) \eta_{b,t} B_t = m_t K_t$。中间品生产企业在给定生产函数、资本生成约束、预算约束和信贷约束的条件下，其目标函数为追求股东利益的最大化：

$$E_0 \max \sum_{t=0}^{\infty} \beta^t \Lambda_t DI_t$$

在上述约束条件和目标函数下，求关于 I_t、DI_t、z_t、L_t 和 K_t 的一阶条件，一阶条件如式所示：

$$\Psi_t + Q_t = \Theta_t e_{I,t} \left[1 - \phi'\left(\frac{I_t}{I_{t-1}}\right)\frac{I_t}{I_{t-1}} - \phi\left(\frac{I_t}{I_{t-1}}\right) \right]$$

$$+ \beta E_t \left[\frac{\Lambda_{t+1}}{\Lambda_t}\Theta_{t+1}e_{I,t+1}\phi'\left(\frac{I_{t+1}}{I_t}\right)\left(\frac{I_{t+1}}{I_t}\right)^2 \right]$$

$$1 = \Psi_t \left[1 + \gamma(DI_t - \overline{DI}) \right]$$

$$\frac{\Psi_t}{1 + (1-\tau)R_t^b} = \frac{Q_t}{1 + R_t^b} + \beta E_t \left[\frac{\Lambda_{t+1}}{\Lambda_t}\frac{\Psi_{t+1}}{\pi_{t+1}} \right]$$

$$\left(1 + \frac{Q_t}{\Psi_t}\right)w_t = (1-\alpha)\frac{P_t^w Y_t^w}{P_t L_t}$$

$$\Theta_t - Q_t m_t = \beta E_t \left[\frac{\Lambda_{t+1}}{\Lambda_t}\left((1-\sigma_k)\Theta_{t+1} + \Psi_{t+1}\alpha\frac{P_{t+1}^w Y_{t+1}^w}{P_{t+1} K_t} \right) \right]$$

4.3.3 零售部门

借鉴卡尔沃（Calvo，1983）的研究，将价格粘性引入本书构建的 NK - DSGE 模型。假设零售商品价格的调整存在粘性，零售商在每一期仅有 $1 - P_r$ 的概率无成本的调整其零售商品的价格，在零售商不能自由调整价格时，零售商依据如下规律定价：$P_{j,t} = \pi_{t-1}^s P_{j,t-1}$。与伯南克等（1999）的研究相似，假设存在一最终品生产企业，将垄断竞争零售商购买的产品无成本的转化为最终产品，零售商 j 在 t 期的总需求为 $Y_t(j)$，零售商品的价格为 $P_t(j)$，则加总后的总产出为：

$$Y_t^f = \left[\int_0^1 Y_t(j)^{\frac{\theta-1}{\theta}}dj \right]^{\frac{\theta}{\theta-1}} \tag{4.12}$$

其中，$\theta > 1$。零售商品的一般价格指数为：

$$P_t = \left[\int_0^1 P_t(j)^{1-\theta}dj \right]^{\frac{1}{1-\theta}} \tag{4.13}$$

由加总后的总产出和零售商品的一般价格指数，可推导出零售商 j 的需求曲线为：

$$Y_t(j) = \left(\frac{P_t(j)}{P_t}\right)^{-\theta} Y_t^f \tag{4.14}$$

零售企业所面临的产品需求为：

$$Y_{t+k}(j) = \left(\left(\frac{P_{t+k-1}}{P_{t-1}}\right)^s \frac{P_t(j)}{P_{t+k}}\right)^{-\theta} Y_{t+m}^f \tag{4.15}$$

令 P_{t+k}^* 为零售商在 t 期欲设定的零售商品的价格，$Y_{t+k}^*(j)$ 为在价格 P_{t+k}^* 下的需求，则零售商折现后的预期利润最大化的目标函数为：

$$\prod_t^j = E_t \max \sum_{k=0}^{\infty} (\beta P_r)^k \Lambda_{t,k} \frac{P_{t+k}^* - P_{t+k}^w}{P_{t+k}} Y_{t+k}^*(j) \tag{4.16}$$

其中，$\Lambda_{t,k} \equiv \frac{C_t}{C_{t+k}}$ 为居民跨期的边际替代率。对零售商利润最大化的目标函数，求关于 P_t^* 的一阶导数可得：

$$E_t \sum_{k=0}^{\infty} (\beta P_r)^k \Lambda_{t,k} \left[\left(\frac{P_{t+k-1}}{P_{t-1}}\right)^s \frac{P_t^*}{P_{t+k}} - \frac{\theta P_{t+k}^w}{(\theta-1)P_{t+k}}\right] Y_{t+k}^*(j) = 0 \tag{4.17}$$

在给定 $1 - P_r$ 比例的零售商在 t 期调整零售商品价格的条件下，零售商品一般价格指数的更新方程为：

$$P_t = \left[P_r(\pi_{t-1}^s P_{t-1})^{1-\theta} + (1-P_r)(P_t^*)^{1-\theta}\right]^{\frac{1}{1-\theta}} \tag{4.18}$$

零售商的利润为：$F_t = \left(1 - \frac{P_t^w}{P_t}\right) Y_t$。 $\tag{4.19}$

4.3.4　银行部门

本部分将银行部门引入 NK – DSGE 模型。本书构建的商业银行部门包括盈余银行和赤字银行。盈余银行为银行系统中一家代表性的银行，其职能主要负责吸收家户单位的存款，并将资金拆借给赤字银行。赤字银行通过向盈余银行拆借获得资金，并将自有资本和拆借获得的资本用于企业信贷和债券投资，在不同经济环境下，赤字银行通过调整资本在企业信贷和债券投资间的资产配置，以实现利润的最大化，并在期末将利润转化为赤字银行的资本。

第一，盈余银行。盈余银行为银行系统中一家代表性的银行，其负责吸收家户单位的存款，并将其吸收的存款通过银行间拆借市场将资金拆借给赤字银行，且赤字银行无须资产抵押和超额存款准备金，便可从银行间拆借市场获得资金 Y_t（Jongrim and Inhwan，2014）。这一设定的合理性在于，中国人民银行 2009 年的货币政策执行报告认为，占主导的全国性的大型银行，在其内部存在诸多的存贷款、资产负债等转移价格，银行间拆借利率可作为商业银行内部资金转移定价的基准，并推动和完善了同业存款利率的定价，这也使得商业银行的分支机构进行存贷款业务时，其所考虑的资金成本往往不是存款利率，而是银行内部的资金转移成本（funds transfer pricing，FTP）。因此，中央银行可通过银行间拆借利率影响商业银行内部的资金转移成本，进而影响到实体经济，即为中央银行货币政策的利率传导渠道。为了更好地阐述银行间拆借利率对实体经济的影响，本部分依据我国金融市场的实际，构建了以下形式的盈余银行：本书假定商业银行系统中仅存在一家代表性的盈余银行，盈余银行利润的最大化目标函数为：

$$\max E_0 \sum_{t=0}^{\infty} \beta^t \Lambda_t \left[(1 + R_t^{ib})(1 - \varphi_t)D_t + (1 + R_t^{\varphi})\varphi_t D_t - (1 + R_t^d)D_t - Adj_t^{sb} \right]$$

盈余银行的资产负债表满足以下约束条件：

$$Y_t = (1 - \varphi_t)D_t \tag{4.20}$$

其中，φ_t 为盈余银行的存款准备金率，R_t^{φ} 为存款准备金利率，D_t 为家户单位的存款总额。由于中央银行较少对商业银行的存款准备金利率做出调整，特别是在 2000 年之后调整频率很低，中央银行已基本从其货币政策工具的篮子中忽略，因此，本书假定存款准备金收益率 R_t^{φ} 由中央银行给定，这一假定不影响本书的研究结论。依据绪论部分的阐述，虽然近年来中央银行对存款准备金率做了多次调整，但存款准备金率的调整相当于中央银行调节市场的流动性，即存款准备金率下调则向市场注入流动性，上调则冻结部分市场资金的流动，其与货币供给量增减调节经济的手段并无本质区别（周炎和陈昆亭，2012；戴金平和陈汉鹏，2013）。特别是近年来存款准备金率的调整，在一定程度上是为了对冲外汇储备的增减，这也使得在新凯恩斯封闭经济体的假设条件下，很难设定一个内生的存款准备金率的变动规则，因此，本书将存款准备金率设定为外围变量①。为使模型更好的描述商业银行运营的实

---

① 将外生冲击的存款准备金率引入 DSGE 模型估计后发现，存款准备金率的变动对宏观经济波动的影响微乎其微。

际，本书定义的存款准备金不仅包括法定存款准备金，还包括银行的自留资金和超额存款准备金等。Adj_t^{sb} 表示存款准备金率调整给盈余银行造成的成本，其成本函数定义如下：

$$\text{Adj}_t^{sb} = \frac{\chi_{sb}}{2}(\varphi_t - \bar{\varphi})^2 D_t \qquad (4.21)$$

由盈余银行以追求利润最大化为目标，可得其最优决策解为：

$$1 + R_t^d = (1 + R_t^\varphi)\varphi_t + (1 - \varphi_t)(1 + R_t^{ib}) - \frac{\chi_{db}}{2}(\varphi_t - \bar{\varphi})^2 \qquad (4.22)$$

盈余银行在 t 期的利润可以表示为：

$$J_t^{sb} = (1 + R_t^{ib})(1 - \varphi_t)D_t + (1 + R_t^\varphi)\varphi_t D_t - (1 + R_t^d)D_t - \text{Adj}_t^{sb} \qquad (4.23)$$

第二，赤字银行。赤字银行从盈余银行拆入资金，并以利润最大化为目标，调整资金在企业信贷和债券间的配置。赤字银行将 $\eta_{b,t}$ 比例的银行资产用于发放企业信贷，将 $1 - \eta_{b,t}$ 比例的资产用于购买政府债券，则赤字银行资产负债表的最大化现金流可表示为：

$$\max E_0 \sum_{t=0}^{\infty} \beta^t \Lambda_t \big[(1 + R_t^b)(1 - \delta_t^{db})\eta_{b,t} B_t + (1 + R_t^g)(1 - \eta_{b,t})B_t$$
$$- (1 + R_t^{ib})Y_t - K_t^b - \text{Adj}_t^{kb} - \text{Adj}_t^{mc} \big]$$

其中，$\beta^t \Lambda_t$ 表示赤字银行的折现因子，其大小等于居民消费的边际效用，R_t^b、R_t^g 和 R_t^{ib} 分别表示赤字银行的贷款利率、国债收益率和银行间拆借利率，δ_t^{db} 表示来自信贷市场的波动，信贷市场的波动设定为服从以下 AR（1）过程：

$$\log(\delta_t^{db}) = \rho_{\delta db}\log(\delta_{t-1}^{db}) + \sigma_{\delta db}\varepsilon_{\delta db,t}, \ \rho_{\delta db} \in (1, 0) \qquad (4.24)$$

其中，$\varepsilon_{\delta db,t}$ 表示外生的信贷市场冲击，服从标准正态分布，$\sigma_{\delta db}$ 为信贷市场冲击的标准差。引入服从 AR（1）过程的信贷市场的波动，一方面是因为越来越多的证据显示，信贷市场与宏观经济存在紧密的联系，宏观经济的波动多有信贷市场引发；另一方面是因为在我国商业银行改制前，商业银行的贷款损失率波动较大，而以四大国有银行为代表的商业进行股份制改制后，其贷款损失率大幅下降，并维持在较低的水平，其波动近似于随机过程，因此，在存在结构化变化的样本内很难内生化我国信贷市场的波动。赤字银行资产负债表的资本资产比率为：$\frac{K_t^b}{B_t} = k_{B,t}$，受到监管机构的约束，当 $k_{B,t}$ 偏离目标值 μ_b 时，赤字银行面临的成本为：

$$\text{Adj}_t^{kb} = \frac{k_{kb}}{2}\left(\frac{K_t^b}{B_t} - \mu_b\right)^2 K_t^b \qquad (4.25)$$

上式表示监管机构对赤字银行的资本要求，其中，μ_b 表示对赤字银行要求的资本资产比率的限制值，$k_{B,t}$ 偏离限制值 μ_b 的程度越大，受到的惩罚就越重。类似于 Dib（2010）的研究，Adj_t^{mc} 的形式如下式：

$$\text{Adj}_t^{mc} = \frac{\chi_{db}}{2}(\eta_{b,t} - \bar{\eta})^2 B_t \qquad (4.26)$$

Adj_t^{mc} 表示赤字银行调整资本在企业信贷和债券间配置的成本，设定赤字银行企业信贷发放比例 $\eta_{b,t}$ 的调整存在摩擦，是为了在一阶近似求解最大化目标函数时，约束在特定均衡条件下银行投资组合资产间的完全替代（Zagaglia，2009）。在赤字银行的资产负债表中加入债券作为投资组合中的资产配置，是商业银行规避风险、调节资金跨期错配等的必要选择。在信贷市场和债券市场发生变化时，以利润最大化为目标，商业银行会调整不同资产在投资组合中的配置，从商业银行的资产负债表中便可看出，这一设定更符合商业银行的一般特征。赤字银行面临以下资产负债表的约束：

$$B_t = Y_t + K_t^b \qquad (4.27)$$

其中，B_t 表示赤字银行的总资产，Y_t 为赤字银行向盈余银行的融资金额，K_t^b 为赤字银行的自有资本。赤字银行的资本累积的更新方程为：

$$K_t^b = (1 - \delta_b)K_{t-1}^b + J_{t-1}^{db} \qquad (4.28)$$

其中，δ_b 表示赤字银行资本的折旧率，J_{t-1}^{db} 表示赤字银行 $t-1$ 期的利润，并将其利润转化为赤字银行的资本。

依据绪论部分的阐述，银行间债券回购利率与银行间拆借利率基本一致，彭红枫和鲁维洁（2010）等学者的研究认为，银行间拆借利率发挥着重要的定价参考作用，因此，可以设定银行间债券回购利率的波动除受其自身市场波动的影响外，还受到银行间拆借市场波动的影响，本书的实证检验部分也验证了这一设定的合理性，遂设定银行间债券回购利率与银行间拆借利率的关系满足下式：

$$1 + R_t^g = (1 + R_t^{ib})u_t^g \qquad (4.29)$$

其中，u_t^g 为来自债券市场的波动，其冲击设定为服从以下 AR（1）过程：

$$\log(u_t^g) = \rho_{dg}\log(u_{t-1}^g) + \sigma_{dg}\varepsilon_{dg,t}, \ \rho_{dg} \in (0, 1) \qquad (4.30)$$

其中，$\varepsilon_{dg,t}$ 服从标准正态分布，表示银行间债券回购市场受到的外生冲击，σ_{dg} 表示外生冲击的标准差。求解关于 B_t 和 $\eta_{b,t}$ 的一阶条件可得：

$$(1 + R_t^b)\eta_{b,t}(1 - \delta_t^{db}) + (1 + R_t^g)(1 - \eta_{b,t}) - (1 + R_t^{ib}) +$$

$$k_{kb}\left(\frac{K_t^b}{B_t} - \mu_b\right)\left(\frac{K_t^b}{B_t}\right)^2 - \frac{\chi_{db}}{2}(\eta_{b,t} - \bar{\eta})^2 = 0 \qquad (4.31)$$

$$\eta_{b,t} = \bar{\eta} + \frac{(1 + R_t^b)(1 - \delta_t^{db}) - (1 + R_t^g)}{\chi_{db}} \qquad (4.32)$$

即赤字银行向一般性商品生产企业发放的信贷总额为：$B_{e,t} = \eta_{b,t}B_t$。赤字银行在 t 期的利润可以定义为赤字银行的收入减去调整成本和银行间的拆借支出，其利润可以表示为：

$$J_t^{db} = (1 + R_t^b)(1 - \delta_t^{db})\eta_{b,t}B_t + (1 + R_t^g)(1 - \eta_{b,t})B_t - (1 + R_t^{ib})Y_t - Adj_t^{db}$$

$$(4.33)$$

4.3.5 中央银行

依据我国中央银行法的规定，中央银行的货币政策应保持政策的稳定性和延续性，同时应维护宏观经济增长、通货膨胀等宏观经济指标的稳定。基于刘斌（2006）等的研究，本书在泰勒规则基准模型的基础上，将中央银行的政策延续性纳入泰勒规则。银行间拆借利率作为我国货币政策的中介变量，其调整遵循以下规则：

$$\frac{R_t^{ib}}{\overline{R^{ib}}} = \alpha_r \frac{R_{t-1}^{ib}}{\overline{R^{ib}}} + \alpha_\pi \frac{\pi_t}{\overline{\pi}} + \alpha_y \frac{Y_t}{\overline{Y}} + e_{r,t} \qquad (4.34)$$

其中，$\overline{R^{ib}}$、$\overline{Y}$ 和 $\overline{\pi}$ 分别表示稳态下的名义利率、产出增长率和通货膨胀率，稳态值为其季节性调整后的平均值。$e_{r,t}$ 为货币政策冲击，服从以下 AR（1）过程：

$$e_{r,t} = \rho_r e_{r,t-1} + \sigma_r \varepsilon_{r,t}, \ \rho_r \in (0, 1) \qquad (4.35)$$

其中，ρ_r 为残差滞后一阶的自相关系数，$\varepsilon_{r,t}$ 服从标准正态分布，表示货币政策受到的外生冲击，σ_r 为外生冲击的标准差。

4.3.6 财政部门

在财政政策方面，政府部门的财政支出满足以下预算约束条件：

$$G_t + \left(\frac{1}{1 + (1 - \tau) R_t^b} - \frac{1}{1 + R_t^b} \right) \frac{z_t}{P_t} + GB_{t-1} \frac{1 + r_{t-1}^g}{\pi_t} = GB_t + T_t \qquad (4.36)$$

其中，G_t 为财政在 t 期的公共支出，$\left(\dfrac{1}{1 + (1 - \tau) R_t^b} - \dfrac{1}{1 + R_t^b} \right) \dfrac{z_t}{P_t}$ 表示企业债务融资的税收折扣部分，GB_t 表示政府为财政支出融资而发行的债券，T_t 为政府的总税收，且政府的购买支出与总产出存在以下关系：$\dfrac{G_t}{Y_t} = 1 - \dfrac{1}{g_t}$，其中，$g_t$ 服从以下形式的 AR（1）过程：

$$\log(g_t) = (1 - \rho_g) \log(\bar{g}_g) + \rho_g \log(g_{t-1}) + \sigma_g e_{g,t}, \ \rho_g \in (0, 1) \quad (4.37)$$

其中，$e_{g,t}$ 服从标准正态分布，表示财政支出受到的外生冲击，σ_g 表示外生冲击的标准差。

4.4　市场出清条件与稳态值的求解

本书构建的 NK - DSGE 模型包括劳动市场、产品市场和金融（资本）市场，依据瓦尔拉斯市场均衡法则，上述市场的均衡需满足以下市场约束的条件：最终品的产出应等于居民的消费、生产企业的投资、政府的购买以及融资调整成本的加和，即总需求的预算约束式为：

$$Y_t = C_t + I_t + G_t + \frac{\gamma (DI_t - \overline{DI})^2}{2} \qquad (4.38)$$

本书在家户单位、生产企业的设定中默认劳动市场均衡；政府部门的收支均衡由政府部门的预算约束式给出；金融市场的均衡由商业银行资产负债表的约束式给出；中间品市场企业的间接融资量等于银行的债务供给量，即商业银行向生产企业发放的信贷额；零售部门对产品的需求等于最终品生产企业的产出。由经济行为主体的行为方程、预算约束条件和市场出清条件等构成的非线性方程体系，共同决定了以下 32 个内生变量的动态演变过程，其中，价格变量为：$\{ w_t, R_t^d, R_t^b, R_t^{ib}, R_t^g, \pi_t \}$；资源的配置变量为：$Y_t^w$、$Y_t$、$L_t$、$C_t$、$K_t$、$I_t$、$DI_t$、$D_t$、$z_t$、$B_t$、$Y_t$、$\eta_{b,t}$、$T_t$、$G_t$、$GB_t$、$F_t$、$J_t^{db}$、$J_t^{sb}$、$K_t^b$、$P_t$、$P_t^w$、$P_t^*$、$\Theta_t$、$\Psi_t$、$Q_t$、$\Lambda_t$。

在对 NK - DSGE 模型进行参数估计和实证分析之前，需首先将非线性的方程体系近似转换为线性的方程体系，并对线性方程体系构成的方程组在稳态下求解模型的稳态值[①]。

4.5　数据说明及模型参数的估计

本部分首先对数据的选取和处理进行说明，然后依据 DSGE 模型的一般方法，对反映模型稳态特征的参数采用校准法进行赋值，对反映模型动态特征的参数采用贝叶斯方法来确定。对理论推导得到的行为方程进行实证分析，从根本上保证了微观经济分析与宏观经济分析的一致性。

4.5.1　数据说明

由于数据的可得性，本书选择的观测变量为季度的国内生产总值、固定资产投资、居民消费支出、金融机构的信贷余额、银行间拆借利率、银行间债券回购利率和居民的消费价格指数，数据的样本区间为 2000 年第 2 季度 ~ 2013 年第 4 季度。由于我国并未公布季度的居民消费水平，本书季度的居民消费水平由城镇居民消费与农村居民消费占居民消费的比重加权求和获得。用以 1999 年第 4 季度为基期获得的累计通货膨胀率除以国内生产总值、固定资产投资、居民的消费支出、金融机构的信贷余额，以此获得相应变量的实际值，并在此基础上应用 BP 滤波方法剔除上述变量的时间趋势项与波动周期在 32 个季度以上的低频值；应用对数差分分别获得银行间拆借利率、银行间债券回购利率和通货膨胀率环比增速偏离其长期趋势的值。上述原始数据均来源于中经网统计数据库。

4.5.2　参数的校准与贝叶斯估计

在对本书构建的 NK – DSGE 模型进行数值模拟之前，需首先对反映模型

---

① 线性方程体系在稳态下的稳态值备索。

稳态特征的参数采用校准的方法进行赋值，对参数的校准主要参考了已有的研究结果和实际数据。依据大多数的研究，将居民的折现因子 β 校正为 0.989。参考张伟进和方正瑞（2013）的研究，将价格在边际成本上的加成程度 θ 校正为 10.1。将中间品生产企业的资本折旧率 δ_k 校准为 0.025，即资本的年折旧率为 10%。对于中间品生产企业资本收入和劳动收入占产出的比例，参考白和钱（Bai and Qian，2010）的研究，将其分别校正为 0.45（α）和 0.55（$1-\alpha$）。依据数据将政府支出占国内生产总值的参数 g 校准为 1.22；由于企业的所得税在 2008 年 1 月 1 日前为 33%，之后为 25%，因此，样本内企业所得税率的平均值为 29.3%，即 τ 取值为 0.293。参考蒂波（Dib，2010）和吉里（2014）的研究以及样本数据的平均值，将 η_b 的稳态值校正为 0.9。与本书构建的理论模型相一致，我们用中国 2000 年第 2 季度~2013 年第 4 季度的数据以及盈余银行的资金约束条件，计算出存款准备金率 φ 的季度数据，其样本内的稳态值为 0.39，这也与许伟和陈斌开（2009）的结果相一致，这里 φ 表示存款准备金、自留资金等占存款的比例。参考张（Zhang，2009）和李松华（2010）的研究，将价格粘性的参数校正为 0.52。参考吉里（2014）的研究，将 δ_b 校正为 0.03，δ_{db} 校正为 0.03，k_{kb} 校正为 7.56。

对反映模型动态特征的参数则采用贝叶斯方法进行估计。应用贝叶斯方法估计反映模型动态特征的参数，能够克服大多数研究采用校准法给参数赋值所带有的主观性，进而提高模型对数据的拟合效果，也能够避免从参数校准的模型所得到的观测变量的脉冲响应不能作为典型事实的不足。表 4-1 给出了模型 22 个需要估计的参数。其中，包括刻画金融摩擦冲击、货币政策冲击等 7 个外生冲击的 14 个参数，用于描述外生冲击滞后一阶的自相关系数和标准差。表 4-1 的第 2 列~第 4 列给出了参数的先验分布类型、先验均值和标准差，先验分布的选取主要参考已有的研究，并尽量和其一致，给定先验分布参数的合理范围。零售品价格的 Calvo 概率的均值假设为 0.75，这意味着零售品价格的平均调整周期为 3 个季度，其后验分布的均值为 0.766，即零售品价格在每个季度不能无成本调整的概率为 0.766，这和仝冰（2010）和徐高（2008）估计的企业不能无成本的调整价格的概率为 0.71 和 0.742 比较接近；劳动厌恶系数先验分布的均值为 0.2，后验分布的均值为 0.371，方差较小，说明这一参数包含较多的信息，且估计的后验分布均值和众数均在合理的区间内。假设所有冲击服从 AR（1）过程，外生冲击的先验标准服从标准差为 1 或 2 的 InvGamma 分布，这对应了非常松散的先验分布；除利率和投资效率的系数外，其余外生冲击的一阶自相关系数均服从 Beta 分布。由于本文宏观经济观测变量未变化为百分比数据，所以给定的外生冲击的方差均值较小。外生冲击的一阶自相关系数反映了外生冲击的持续性，其中，金融摩擦冲击、信贷市场冲击和货币政策冲击的一阶自相关系数大于 0.5，其余冲击的自相关系数小于 0.5，自相关系数较大表示在长期冲击可解释较大部分的实际变量的预测误差。参数的贝叶斯估计是在 Matlab 环境下调用 YADA 程序包进行估计的。

表 4 - 1 参数的先验分布与后验分布

参数	分布类型	先验分布		后验分布		5%	95%
		均值	标准差	均值	众数		
ρ_A	Beta	0.50	0.20	0.418	0.418	0.297	0.536
σ_A	InvGamma	0.025	1	0.069	0.066	0.044	0.103
ρ_I	Normal	0.80	0.5	−0.148	−0.148	−0.364	0.078
σ_I	InvGamma	0.5	2	0.274	0.268	0.200	0.369
ρ_m	Beta	0.86	0.2	0.767	0.770	0.684	0.839
σ_m	InvGamma	0.01	2	0.016	0.016	0.014	0.019
$\rho_{\delta db}$	Beta	0.5	0.2	0.823	0.824	0.768	0.876
$\sigma_{\delta db}$	InvGamma	0.015	2	0.183	0.180	0.133	0.243
χ_{db}	Gamma	0.25	0.2	0.052	0.048	0.016	0.102
ρ_{dg}	Beta	0.5	0.2	0.486	0.491	0.276	0.654
σ_{dg}	InvGamma	0.001	2	0.001	0.001	0.001	0.002
ρ_r	Normal	0.8	1	0.948	0.950	0.915	0.975
σ_r	InvGamma	0.0015	1	0.002	0.002	0.001	0.002
ρ_g	Beta	0.5	0.2	0.909	0.913	0.862	0.945
σ_g	InvGamma	0.025	1	0.023	0.023	0.020	0.027
γ	Gamma	0.2	0.1	0.187	0.174	0.080	0.340

参数	分布类型	先验分布		后验分布		5%	95%
		均值	标准差	均值	众数		
α_r	Normal	-0.96	0.31	-0.248	-0.248	-0.440	-0.057
α_π	Normal	0.6	0.239	0.051	0.037	0.011	0.089
α_y	Normal	-0.096	0.2	-0.016	0.015	-0.036	-0.003
v	Gamma	2.08	2.71	0.278	0.272	0.191	0.388
P_r	Beta	0.75	0.05	0.766	0.766	0.721	0.810
σ_L	Beta	0.2	0.2	0.371	0.354	0.041	0.768

4.6 实证结果分析

4.6.1 NK–DSGE 模型质量的评估

表4-2给出了实际数据与模拟数据的标准差和相关系数。从表4-2可以看出，本书构建的 NK–DSGE 模型，能够很好地捕捉实际产出、居民的消费支出、金融机构的贷款余额、银行间债券回购利率、银行间拆借利率和通货膨胀等宏观经济主要观测变量的特征，但不能很好地捕捉到固定资产投资的特征。除固定资产投资外，其他观测变量的实际标准差与该变量的模拟标准差比较接近，都在模型模拟数据95%的置信区间内。模型之所以未能捕捉到固定资产投资的数据特征，这可能是因为以政府为主导的逆经济周期的政策性投资在我国经济中扮演着重要的角色，如在 2008~2009 年，政府财政支出年平均同比增长高达116%，由此可初步判断政策性投资的逆周期性。但政策性投资更多的是出于稳定经济增长的目的，使得政策性投资在经济不景气时期影响着我国固定资产的投资，而在经济周期处于景气时，政策性投资逐渐推出，这在很大程度上平滑了我国固定资产投资的变化，使得实际的固定资产投资的标准差小于模型模拟的固定资产投资的标准差。其次，模型模拟数据滞后一阶的自相关系数与实际数据滞后一阶的自相关系数比较接近，

除固定资产投资外，都在 95% 的置信区间内。国内较多用于我国货币政策分析的 DSGE 模型，未对模型的模拟值与实际值进行比较。

表 4 - 2 　　　　　　　　观测变量的实际数据与模拟数据的比较

衡量指标	实际数据	模拟数据		
		模拟均值	5%	95%
标准差				
Y	0.023	0.031	0.021	0.044
I	0.047	0.086	0.053	0.138
C	0.035	0.049	0.031	0.074
Be	0.040	0.030	0.018	0.049
R_{ib}	0.003	0.003	0.002	0.006
R_g	0.003	0.003	0.002	0.006
π	0.008	0.012	0.008	0.016
相关系数				
Y(t)，Y(t-1)	0.788	0.6754	0.467	0.834
I(t)，I(t-1)	0.762	0.401	0.548	0.892
C(t)，C(t-1)	0.706	0.784	0.627	0.900
Be(t)，Be(t-1)	0.900	0.766	0.576	0.901
R_{ib}(t)，R_{ib}(t-1)	0.772	0.787	0.572	0.921
R_g(t)，R_g(t-1)	0.843	0.726	0.482	0.889
π(t)，π(t-1)	0.367	0.521	0.264	0.727

　　图 4 - 2 给出了实际数据与模型模拟数据的自协方差，图中实线为实际数据的自协方差，虚线为模型模拟数据自协方差的均值，灰色区域为 95% 的置信区间。从图 4 - 2 可以看出，实际数据的自协方差几乎全部位于模型模拟数据自协方差 95% 的置信区间内，且实际数据的自协方差在许多情况下与模型模拟数据的自协方差非常接近。从这个方面可以说明，本章构建的 NK - DSGE 模型具有较好地反映现实经济的能力，依照该模型进行的货币政策问题分析应具有较高的可信度。

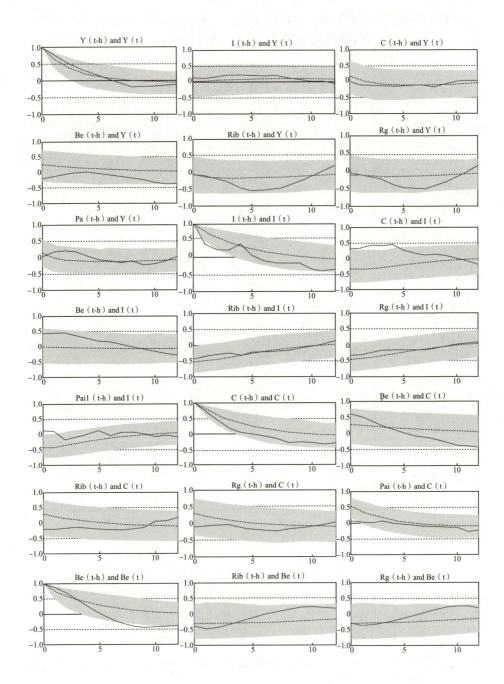

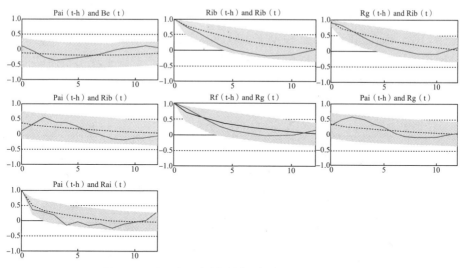

图 4 – 2　实际数据与模型模拟数据的自协方差比较

4.6.2　金融摩擦和货币政策冲击的脉冲响应分析

影响实际产出、通货膨胀等观测变量波动的因素有很多，如技术进步、金融摩擦等，本书的着眼点是想考察我国金融摩擦和货币政策冲击对上述观测变量的效应。因此，本书主要对金融摩擦和货币政策冲击对宏观经济观测变量的脉冲响应进行分析。图 4 – 3 和图 4 – 4 分别给出了金融摩擦和货币政策冲击对观测变量的脉冲响应。从图 4 – 3 可以看出，宽松性的金融冲击对经济增长有短期的促进作用，正向冲击维持 8 个季度，随后收敛于稳态水平。宽松性的金融冲击同时使得商业银行的贷款余额持续增长 10 个，这是因为宽松的金融冲击使得企业获得贷款的约束减弱，企业获得的贷款增加。产出增加，居民的收入增加，消费也随之增加。由宽松性的金融冲击引发的产出、信贷余额和消费的增加，却会引发通货膨胀，其引发的通货膨胀增加持续 10 个季度，并收敛于稳态水平，这一结论与范从来等（2010）的研究相一致。在我国宏观经济处于不景气时期时，除了放松银行的信贷约束，还往往实施宽松性的货币政策，使得银行间拆借利率和债券回购利率当期降低，随后逐渐上升。宽松性的金融冲击仅在 10 期之后对固定资产投资有微弱的正向响应，这可能是因为我国的固定资产投资一直维持在较高的增速，当固定资产投资下降时，往往预示着未来经济增速的放缓和宽松性金融政策的实施，反之则相反，而在 NK - DSGE 模型下，脉冲响应是依据参数分布计算所得的脉冲响应的均值，这使得宽松型的信贷政策与固定资产投资呈现出负向的关联性，这也从固定资产投资的历史拆解得到了验证。

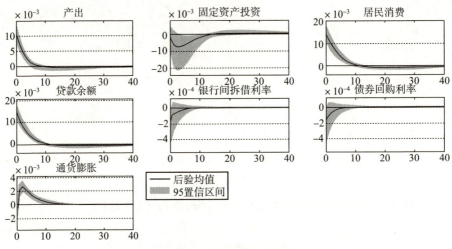

图 4 - 3　金融摩擦冲击对观测变量的脉冲响应

从图 4 - 3 可以看出，紧缩性货币政策对实际产出的脉冲响应在第二季度转为负向，之后缓慢调整至稳态水平。紧缩性货币政策引致的"财富效应"对居民消费存在短期的正向影响，随着紧缩性货币政策对宏观经济的不利冲击，居民的消费增速逐渐降为负值，并最终回复至稳态水平，这与许伟和陈斌开（2009）的研究结论一致。紧缩性货币政策对信贷余额和固定资产投资存在负向的脉冲响应，并逐渐回复至稳态水平。紧缩性货币政策对通货膨胀存在短期的正向脉冲响应，并逐渐回复至稳态水平，这与彭方平和连玉君（2011）、周建和况明（2015）的研究所得出的，短期加息可能会引发通货膨胀的结论相一致，存在"价格之谜"，即货币政策的传导存在成本渠道效应。银行间拆借利率与银行间债券回购利率存在很强的关联性，两者的脉冲响应极其相似，都存在正向的脉冲响应并逐渐回复到稳态水平。

货币政策的脉冲响应结果表明，提高利率能够抑制实际产出、投资过热和信贷余额的增加，货币政策的传导存在需求渠道效应，这与陈汉鹏和戴金平

（2014）的结论一致，但利率提高短期不能有效降低通货膨胀水平，这是由于企业进行生产销售前，需向银行融资以获得必要的要素支出，短期利率增加提高了企业融资的成本，使企业暴露在货币政策冲击下，最终导致企业降低产量提高价格。这就要求中央银行在制定紧缩性货币政策时，不仅要考虑货币政策对需求面的影响，也要考虑对银行信贷供给（信贷成本）等供给面的影响。

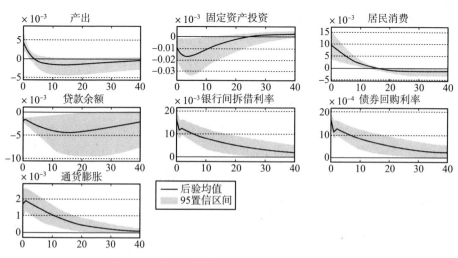

图 4 - 4 货币政策冲击对观测变量的脉冲响应

4.6.3 观测变量的方差分解分析

图 4 - 4 给出了外生冲击对观测变量预测方差的贡献比例，可用于分析货币政策能在多大程度上影响我国经济的变化，其原理是应用二阶矩分析外生冲击对观测变量波动的贡献程度，本章选择的期限分别为 1 个季度、4 个季度、10 个季度和 30 个季度。本部分主要对货币政策对观测变量预测方差的贡献比例进行分析。从表 4 - 3 可以看出，在当期，货币政策对实际产出变化的贡献程度约为 5% ，在长期增加至 7.2% 。货币政策对固定资产投资的贡献程度由当期的 3.5% 增加到短期的 15.2% ，在中长期，货币政策对固定资产投资的贡献程度则增加到 25% 左右，即货币政策对固定资产投资的影响具有长期性，这是因为固定资产投资的周期较长，投资者更改投资计划的成本较大，使得货币政策对固定资产投资的影响短期较弱长期较强。货币政

对居民消费支出在当期、短期和中长期的贡献程度分别为 11.5%、12.6%、12.9% 和 12.2%。贷款余额在当期主要受信贷约束的影响，在中期，货币政策对贷款余额的贡献程度增加至 10.4%，在长期则增加至 30.7%，这说明在中长期，信贷渠道是我国货币政策传导的主要渠道之一，其原因在于我国银行的贷款占银行资产负债表的绝大部分，债券资产所占有的部分较少，使得银行在面对货币政策调整时，由于银行资产的整体流动性不高，而只能调整信贷的供给。结合我国货币政策是信贷余额中长期变化的重要影响因素，以及信贷约束对宏观经济的较大影响，可以得出信贷渠道的畅通程度对货币政策传导效果的影响较大。银行间债券回购利率的变动主要受来自自身冲击和银行间拆借利率冲击的影响。结合银行间拆借利率和债券回购利率变动的影响因素可知，银行间拆借利率在一定程度上对债券回购市场起引导作用，在样本期内，银行间拆借利率相较于债券回购利率更适宜作为货币政策的中介目标。在当期，货币政策冲击对通货膨胀的贡献程度为 4.3%，在短期则为10.1%，在中长期，货币政策冲击对通货膨胀的影响程度分别增加至 15% 和18.4%。由上述分析可以看出，货币政策是影响我国宏观经济的一个重要因素，这与实际经济情况是一致的。

表 4 - 3　　　　　　　　　　观测变量的方差分解

观测变量	Y	I	C	B_e	R_{ib}	R_g	π
当期：1 个季度							
投资效率冲击	0.153	0.791	0.015	0.102	0.011	0.008	0.102
全要素生产率冲击	0.059	0.132	0.003	0.001	0.013	0.009	0.697
金融摩擦冲击	0.225	0.005	0.265	0.809	0.016	0.011	0.039
信贷市场冲击	0.233	0.027	0.375	0.072	0.017	0.011	0.115
债券回购市场冲击	0.003	0.000	0.002	0.004	0.000	0.341	0.002
货币政策冲击	0.048	0.035	0.115	0.011	0.925	0.609	0.043
财政支出冲击	0.279	0.010	0.225	0.000	0.018	0.012	0.002
短期：4 个季度							
投资效率冲击	0.107	0.577	0.021	0.103	0.006	0.004	0.060
全要素生产率冲击	0.080	0.120	0.006	0.006	0.007	0.006	0.400
金融摩擦冲击	0.209	0.032	0.238	0.765	0.010	0.008	0.163

续表

观测变量	Y	I	C	B_e	R_{ib}	R_g	π
信贷市场冲击	0.210	0.088	0.329	0.098	0.011	0.008	0.251
债券回购市场冲击	0.002	0.000	0.002	0.003	0.000	0.218	0.004
货币政策冲击	0.035	0.152	0.126	0.025	0.951	0.744	0.101
财政支出冲击	0.357	0.031	0.278	0.001	0.015	0.012	0.021
中期: 10 季度							
投资效率冲击	0.091	0.454	0.025	0.109	0.003	0.003	0.050
全要素生产率冲击	0.076	0.088	0.009	0.015	0.004	0.004	0.314
金融摩擦冲击	0.183	0.043	0.199	0.629	0.006	0.005	0.182
信贷市场冲击	0.185	0.105	0.281	0.134	0.007	0.006	0.266
债券回购市场冲击	0.002	0.000	0.000	0.002	0.000	0.137	0.003
货币政策冲击	0.039	0.265	0.129	0.104	0.968	0.835	0.150
财政支出冲击长期: 30 个季度	0.424	0.045	0.356	0.008	0.011	0.010	0.035
投资效率冲击	0.082	0.427	0.027	0.085	0.002	0.002	0.047
全要素生产率冲击	0.069	0.084	0.010	0.016	0.003	0.003	0.295
金融摩擦冲击	0.171	0.043	0.179	0.430	0.005	0.004	0.173
信贷市场冲击	0.170	0.101	0.252	0.134	0.005	0.004	0.254
债券回购市场冲击	0.002	0.000	0.001	0.001	0.000	0.101	0.003
货币政策冲击	0.072	0.230	0.122	0.307	0.975	0.878	0.184
财政支出冲击	0.434	0.045	0.408	0.027	0.009	0.008	0.044

4.6.4 经济波动的历史拆解分析

1. 观测变量的历史拆解

观测变量的历史拆解就是将观测变量的历史变化拆解为外生冲击对变化的影响，观测变量变化的历史拆解是由其状态空间方程的平滑过程，计算出外生冲击的平滑值，并将外生冲击的平滑值带入模型，求出外生冲击在样本期内每一时点对观测变量变化的贡献程度。观测变量变化的历史拆解，可以使我们分析外生冲击在样本期内影响观测变量变化的历史过程、影响程度和方向。图4-5给出了外生冲击项的平滑值，其由模型的参数值等于后验分布众数时计算获得。图4-6～图4-9分别对实际产出、固定资产投资、信贷余额和通货膨胀的变化做了历史拆解，其中，相对应于纵轴，黑色的折线为相应观测变量偏离均衡值的程度，不同颜色的长方形表示每一季度不同外生冲击对观测变量变化的影响大小和方向，横柱上方为正向，下方为负向。

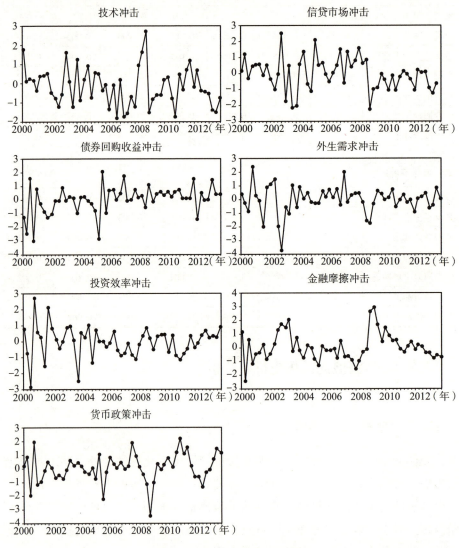

图4-5 外生冲击项的平滑值

由图 4-5 可以观测到外生冲击极端变化出现的时间点，依此对比同一时间点宏观经济发生的重大事件，若两者相符，则观测变量变化历史拆解的分析结果就比较可信。外生冲击的极端变化与重大经济事件发生时点的对比结果如下：2003 年"非典"和 2009 年爆发的次贷危机造成外生需求不足，与 2003 年和 2009 年外生需求冲击大幅下降相吻合；2004 年前后所进行的商业银行股份制改革与此期间信贷市场冲击项的大幅波动相吻合；2009 年后信贷市场风险处于较低水平和信贷余额大幅增加，与 2009 年后信贷市场冲击值基本小于零相吻合；2003 年"非典"后和 2009 年底政府为应对次贷危机所推出的宽松性金融政策，与此期间金融冲击大幅增加相吻合，也与全要素生产率 2009 年底受较大正向冲击相吻合；在 2005 年前的样本内投资效率冲击项的大幅波动，与此样本内固定资产投资受调控影响波动频繁相吻合；2009 年政府推出的宽松性货币政策，与 2009 年货币政策冲击值大幅下降相吻合。由上述对比结果可知，对观测变量的变化进行历史拆解，依此分析外生冲击对观测变量的影响程度和方向，具有较高的可信度。

本部分对观测变量进行历史拆解，依此分析货币政策在 7 种外生冲击中，驱动观测变量变化的历史影响程度和方向。由图 4-6 可以看出，货币政策是实际产出变化的一个主要驱动因素：2000~2006 年前后货币政策冲击对产出的影响较小，2007 年经济迅速扩张并在 2008 年第 1 季度达到最高点，货币政策在这一时期发挥了重要的正向作用，次贷危机之后，宽松性货币政策对产出起到了拉动作用。从图 4-7 可以看出，固定资产投资变化的主要驱动因素是货币政策和投资效率，其次是全要素生产率、金融摩擦和信贷市场的冲击。2007 年前，货币政策对固定资产投资存在正向影响，固定资产投资在 2008 年前后的下跌，主要是由不利的全要素生产率、信贷市场和前期紧缩性的货币政策造成的。在样本末期，不利的货币政策冲击、投资效率冲击和全要素生产率冲击是投资下降的主要原因。从图 4-8 可以看出，货币政策、金融摩擦、投资效率和信贷市场的冲击是信贷余额变化的主要驱动因素。从图 4-9 可以看出，通货膨胀在 2009 年前后的波动趋势与实际产出的变化趋势基本一致，并稍有滞后，在整个样本期内，金融摩擦对通货膨胀和产出的影响方向基本相同，但对通货膨胀的影响相对较小且滞后于对产出的影响，除金融摩擦外，货币政策、信贷市场冲击和全要素生产率是通货膨胀变化的主要驱动因素。由上述分析可以看出，货币政策在驱动我国经济的变化中占据了重要的地位。

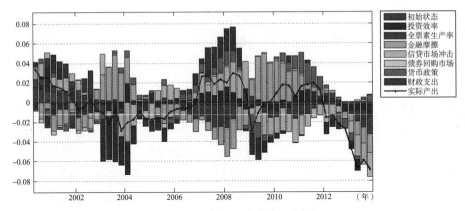

图 4 - 6　实际产出波动的历史拆解

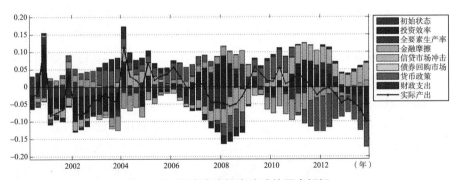

图 4 - 7　固定资产投资波动的历史拆解

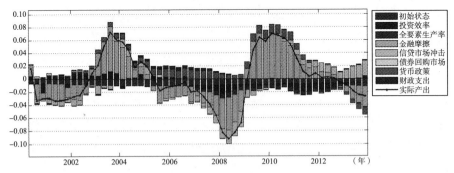

图 4 - 8　商业银行信贷余额波动的历史拆解

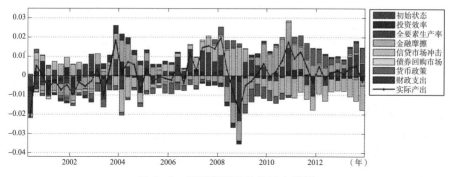

图 4 - 9　通货膨胀波动的历史拆解

2. 货币政策冲击驱动的分析

下图 4 - 10 ~ 图 4 - 17 为模型的参数值等于参数的后验分布众数时，相应外生冲击对观测变量波动的贡献程度①。"非典"时期以及我国政府为应对次贷危机对我国经济造成的不利冲击，推出的宽松性金融政策，驱动实际产出和信贷余额在 2003 年前后高出趋势水平的最大值分别为 5.1% 和 6.1% ，且 2009 年第 1 季度 ~ 2012 年第 1 季度的信贷余额平均高于其趋势水平 4.27%。

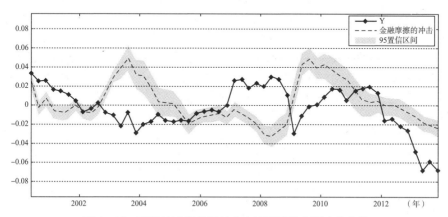

图 4 - 10　产出的平滑值及其由金融摩擦冲击驱动的变化

---

① 图中实线为观测变量的 BP 滤波，虚线为相应冲击的平滑值，灰色区域为 95% 的置信区间。

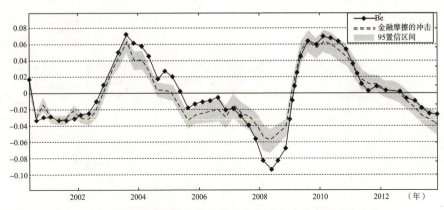

图 4 – 11　信贷余额的平滑值及其由金融摩擦冲击驱动的变化

从图 4 – 12 可以看出，固定资产投资增速在 2004 年之后相当一段时间内高于长期趋势水平，由于我国的商业银行在这一时期处于改制期，效率较为低下，存在较强的垄断性，中小企业获得贷款的难度较大，虽然信贷余额在这一时期快速增长，但金融摩擦对固定资产投资仍然存在负向影响，在 2003 年第 2 季度 ~ 2005 年第 3 季度，金融摩擦驱动固定资产投资平均低于趋势水平 2.86%。随着商业银行改制的逐步完成，商业银行的效率逐步提高，金融摩擦对固定资产投资的影响由负向转为正向。宽松性的信贷政策使金融摩擦在 2007 年第 4 季度 ~ 2009 年第 2 季度驱动固定资产投资平均高于其趋势

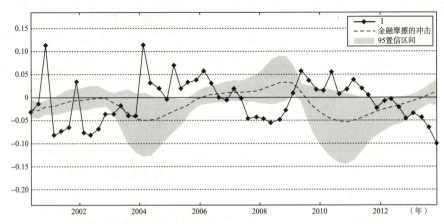

图 4 – 12　固定资产投资的平滑值及其由金融摩擦冲击驱动的变化

水平 2.98%。政府推出的刺激经济增长的政策，使我国经济从次贷阴影中迅速走出的同时，宏观经济所面临的通货膨胀压力也趋于增加，为应对宏观经济面临的通货膨胀，以及房地产价格快速上涨所可能存在的资产价格泡沫，中央政府随后又采取了紧缩性的信贷政策，固定资产投资增速随之下降，紧缩性的金融冲击造成固定资产投资增速，在 2009 年第 4 季度~2013 年第 1 季度平均低于趋势水平 3.56%。

图 4-13 分别给出了通货膨胀的平滑值以及由金融摩擦冲击驱动的变化。从图 4-12 可以看出，2003 年 3 季度~2004 年第 3 季度，以及 2009 年第 3 季度~2013 年第 2 季度的通货膨胀主要是由宽松性的金融冲击引发的，金融冲击在这两个时期平均驱动通货膨胀高于趋势水平 1.05% 和 0.80%。在 2005 年第 4 季度~2009 年第 2 季度，金融冲击对通货膨胀存在负向影响，驱动通货膨胀平均低于趋势水平 0.54%，这是因为在次贷危机前，我国宏观经济面临的通货膨胀压力趋于增加，政府采取的紧缩性的金融政策，驱动商业银行的信贷余额在 2005 年第 3 季度~2009 年第 1 季度平均负向偏离趋势水平 3.63%，这在很大程度上解释了金融冲击对通货膨胀的影响程度和方向。

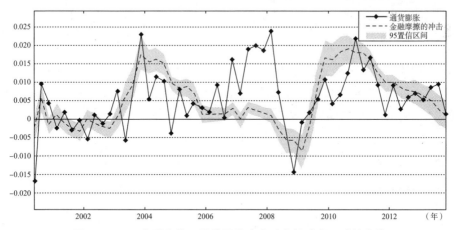

图 4-13　通货膨胀的平滑值及其由金融摩擦冲击驱动的变化

从图 4-14 可以看出，货币政策在 2006 年第 1 季度之前对实际产出的影响较弱，这与后文基于局部均衡的检验结果一致。在 2006 年第 1 季度~2008 年第 3 季度，银行间拆借利率的平滑值大于零，这意味着较宽松的货币政策对实际产出存在正向影响，在这一时期驱动实际产出的环比增长率平均高于趋势水平0.86%。次贷危机发生后，商业银行的流动性吃紧，美国等多国的商业银行出现破产风潮，我国的商业银行在这一时期也面临一定的压力，使得银行间拆借利率驱动实际产出的增速负向偏离其趋势水平。我国政府为应对次贷危机对我国经济造成的不利冲击，实施了宽松性的货币政策，从实际产出的历史拆解可以看出，次贷危机时期实施的宽松性货币政策驱动总产出高于趋势水平1.21%。在样本末期，我国经济增长面临较大的下行压力，但货币政策却未起到刺激经济复苏的作用，仅在样本的最后一个季度情况有所改善。

从图4-15可以看出，我国货币政策在驱动信贷余额变化的因素中占有较弱的地位，这一方面，是由于我国的利率还没有完全实现市场化，利率的变动未能充分反映市场对信贷供需的松紧程度；另一方面，这也与我国经济金融体制的现状有关，国有企业和部门在我国经济活动中仍占有重要地位，企业的生产投资行为和银行的信贷决策更容易受到政策性指令的约束和影响，对利率这一价格信号相对不敏感（宋芳秀，2008），信贷余额的变化短期更多受包含政府信贷调控政策等金融摩擦因素的影响。

从图4-16可以看出，固定资产投资增速在2004年之后相当一段时间内高于长期趋势水平，相对宽松的货币政策也使得固定资产投资在2001年第3季度~2007年第3季度平均高于趋势水平2.73%。次贷危机造成固定资产投资大幅下降，次贷危机前的紧缩性货币，在次贷危机时期依然对固定资产投资存在负向影响，使其在2007年第4季度~2008年第3季度平均低于趋势水平3.26%，这与全冰（2010）的结论基本一致。固定资产投资环比增速在2009年第1季度~2011年第1季度平均偏离趋势水平2.48%，宽松性货币政策驱动固定资产投资平均高于趋势水平1.95%，其中，在2009年第2季度~2010年第4季度使其高于趋势水平4.81%；政府推出的刺激经济增长的政策，使我国经济从次贷阴影中迅速走出的同时，宏观经济所面临的通货膨胀压力也趋于增加，为应对宏观经济面临的通货膨胀，以及房地产价格快速上涨所可能存在的资产价格泡沫，中央政府随后又采取了"择机退出"的适度从紧货币政策，固定资产投资增速随之下降，在2011年第2季度~2013年第4季度，紧缩性的货币政策驱动固定资产投资增速平均低于趋势水平 3.36% 。

图 4 - 17 给出了通货膨胀的平滑值，以及由货币政策冲击驱动的变化。从图 4 - 12 可以看出，在样本初期至 2006 年第 2 季度，货币政策冲击对通货膨胀的影响较弱，但在 2006 年第 3 季度 ~ 2008 年年底以及次贷危机后的经济增长期，货币政策冲击对通货膨胀的正向驱动作用较大，其中，在 2011 年第 4 季度，货币政策冲击驱动通货膨胀高于趋势水平 0.85% ，即货币政策冲击对价格水平所形成的上升压力逐渐显现。

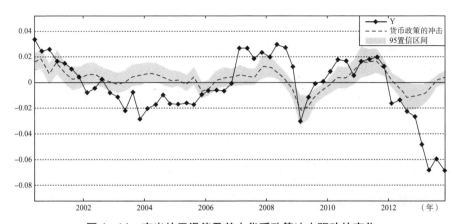

图 4 - 14　产出的平滑值及其由货币政策冲击驱动的变化

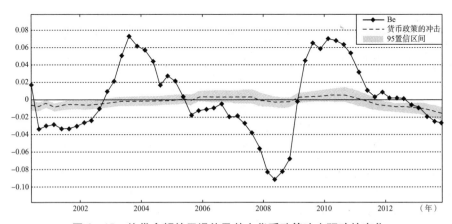

图 4 - 15　信贷余额的平滑值及其由货币政策冲击驱动的变化

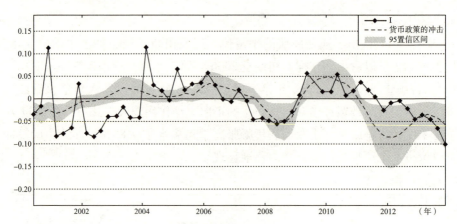

图 4 –16　固定资产投资的平滑值及其由货币政策冲击驱动的变化

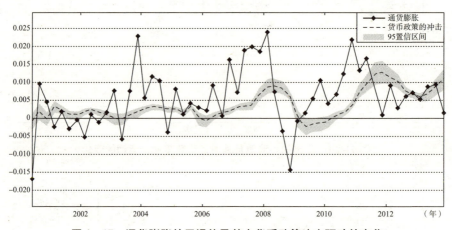

图 4 –17　通货膨胀的平滑值及其由货币政策冲击驱动的变化

　　历史拆解的分析结果显示，次贷危机后我国价格水平上升，但金融摩擦和货币政策并未发挥有效的反通胀作用。这是由于在次贷危机后的一段时间内，虽然经济在政策刺激下有所复苏，但后期经济复苏放缓和内需不足的压力是客观存在的，考虑到经济下行的风险和这一时期驱动经济增长因素的特殊性，以及成本推动是这一发展阶段通胀上升的一个主因，货币政策调控通胀的力度因此受到经济增长等政策目标的影响，货币政策对通胀做出调整面临较多的困难。上述分析结果的政策意涵在于，中央银行应注意观察样本末期金融摩擦和货币政策对通胀的驱动作用，但不应贸然采取传统紧缩性货币政策的措施，治理现阶段甚至未来一段时期的通胀（刘伟，2011）。我国货币政策在 2010 年下半年"择机退出"以来，利率对实际产出、固定资产投资逐渐显现出负向驱动。2012 年后我国经济增长放缓的风险逐渐增大，以及经济陷入"中等收入国家陷阱"威胁的存在，从我国经济发展阶段而言，我们认为货币政策应明确以经济增长为目标，加大货币政策调控产出、投资等目标的力度，特别是在样本末期更显重要和急迫，但同时应注意观察通货膨胀的变化以及宽松性金融政策所可能积累的信贷风险。

4.7 对反景气循环政策的启示

上述脉冲响应、方差分解和历史拆解的分析结果，表明了实际产出等观测变量如何受周期性波动因素的影响。货币政策作为重要的反景气循环政策工具，这些结果为反景气循环货币政策如何避免经济波动扩大提供了启示。以下讨论本章结论对我国货币政策的意涵。

第一，回顾脉冲响应分析中货币政策冲击的影响。紧缩性货币政策使固定资产投资和信贷余额当期下降使实际产出第二期内下降，利率存在需求渠道效应，而紧缩性货币政策驱动价格水平上升，存在"价格之谜"，并且紧缩性货币政策短期存在"财富效应"，居民消费先增加后降低；再者，方差分解表明，货币政策是信贷余额、固定资产投资等观测变量中长期变化的重要影响因素。以上分析结论对反景气循环货币政策具有重要意涵：当经济过热实施紧缩性货币政策降低实际产出时，社会必须忍受因紧缩性货币政策而引发的价格水平上升，这与储著贞（2012）、周建和况明（2015）的结论相一致，他们认为我国货币政策传导存在成本渠道，当经济衰退时，实施宽松性货币政策提高实际产出、投资、信贷供给的同时，长期内还可增加居民消费，但信贷渠道的畅通程度对货币政策的传导效果影响较大。通货膨胀方差分解的分析结论还显示，需求因素和成本因素是驱动我国通胀的重要因素，这也符合我国经济发展的阶段，这就要求我们不要贸然采取传统紧缩性货币政策的措施治理通胀，紧缩性货币政策的作用有限，并且还可能适得其反（刘伟，2011）。

第二，历史拆解表明，在不同时期货币政策对观测变量冲击的影响程度存在差异，在某些时期，其他周期性波动因素是驱动我国宏观经济变化的重要因素，这表明货币政策的效应可能存在时变特征，这就要求在实施反景气循环货币政策时应配合实施信贷调控等政策措施，从而可有效减缓我国经济的波动。举例而言，在次贷危机时期，经济增速下滑，但货币政策对减缓我国实际产出下降的效果有限，这主要是因为次贷危机带来的外在冲击增加了我国银行业的风险，给银行间拆借利率带来了不利的冲击，在利率还没完全实现市场化的条件下，我国此时反景气循环的主要措施是推出 4 万亿元刺激政策，与刺激政策相配套的信贷供给增加，使得信贷供给成为刺激我国经济复苏的重要因素。这一现象与造成我国经济波动的原因也有深刻的联系：由于内需不足，输入性外在冲击对我国实体经济在次贷危机时期造成较大冲击，实际产出、投资、信贷余额等观测变量大幅下降，此时要求的政策是刺激需求。但这种积极的刺激政策，尤其是信贷供给与政策相关联的当前背景下，社会为此付出了需求拉上的通胀成本，在货币政策"择机退出"后仍然对通货膨胀显现出正向驱动。历史拆解分析结果的政策意涵在于：结合我国经济发展的阶段，在我国经济增速趋缓的样本末期，货币政策对我国固定资产投资呈现出负向影响，对实际产出的正向影响较弱，但仍然对通货膨胀显现出正向驱动作用的情况下，为防止经济增长出现过度放缓，以及陷入"中等国家收入陷阱"威胁的存在，从货币政策短期反景气循环的角度，中央银行应尽快对经济增速和固定资产投资下降做出政策反应，降低企业融资成本刺激需求，但应注意观察通货膨胀的变化。

4.8　本章小结

本书构建了一个包含家户单位、企业部门、银行部门和政府部门的 NK－DSGE 模型，为分析我国经济的波动提供了一个可操作的有效框架。本书的主要结论如下：

除固定资产投资外，其余 6 个观测变量的实际数据与模型模拟数据的标准差比较接近，都在模型模拟数据 95% 的置信区间内；除固定资产投资外，模型模拟数据滞后一阶自相关系数与实际数据滞后一阶自相关系数比较接近，都在模型模拟数据 95% 的置信区间内，这说明本书构建的 NK - DSGE 模型能够很好地匹配数据，且从多个指标对模型有效性的检验证实了模型具有较高的可信度。

在此基础上，本书首先，重点分析了货币政策冲击、金融摩擦冲击对我国经济波动的影响程度和方向。通过脉冲响应、方差分解和历史拆解表明，货币政策和金融摩擦是实际产出、通货膨胀、固定资产投资和信贷余额波动的重要影响因素，这与鄢莉莉和王一鸣（2012）的结论相一致。且在不同时期，货币政策冲击和金融冲击对经济波动的影响程度和方向存在差异，其中，宽松性的金融冲击是次贷危机时期实际产出恢复的主要驱动因素，这与张伟进和方振瑞（2013）的结论相一致，货币政策冲击的影响也由负向逐渐转为正向，且在样本末期，货币政策对固定资产投资显现出不利的负向冲击，但仍然对通货膨胀显现出正向驱动作用。其次，货币政策是固定资产投资波动的重要驱动因素，且对固定资产投资的影响具有长期性；在 2004 年和 2011 年前后，宽松性的金融冲击是我国通货膨胀增加的主要驱动因素。货币政策冲击在 2006 年 ~ 2008 年以及 2010 第 1 季度之后对通货膨胀呈现出正向驱动作用。货币政策和金融摩擦是信贷余额波动的两个主要驱动因素，且信贷余额的方差分解表明，货币政策对信贷余额变量波动的贡献程度中期为 10.4%，长期则增加至 30.7%。

在我国经济增速放缓的背景下，本书的研究为我国货币政策的制定和适时调整给予了理论和实证支持，具体有以下三点启示。第一，企业的外部融资过度的依赖于货币政策和金融摩擦是货币政策和金融摩擦与经济关系密切的重要原因，次贷危机所引发的不利金融冲击，使得企业的信贷约束增强，造成信贷余额、固定资产投资和实际产出明显低于趋势水平，即金融加速器效应可能会放大其对经济波动的影响（刘兰凤和袁申国，2012）。第二，货币政策是我国经济波动的重要驱动因素，而货币政策对通货膨胀和产出反应不足（许伟和陈斌开，2009），加快利率市场化，增强利率政策的稳定性，有利于减弱宏观经济的波动（张杰平，2012；高宏，2013）。第三，本书的实证结果还显示，在我国经济增速趋缓的样本末期，货币政策对固定资产投资呈现出负向影响，但仍然对通货膨胀显现出正向的驱动作用，因此，本书的实证结论支持中央银行尽快实施宽松性货币政策的立场，但应观察所可能引发的通货膨胀。

| 第 5 章 |

我国货币政策效应的时变特征分析

本书第 4 章的实证检验，证实了我国货币政策的有效性，为本章从经济周期视角研究我国货币政策效应的时变特征奠定了基础。货币政策效应的发挥在很大程度上依赖于具体的经济金融状态，伴随我国近年来经济结构调整以及经济金融状态的不断变化，不同条件下货币政策的效应可能存在时变特征。虽然基于一般均衡的 DSGE 模型在研究货币政策议题时具有诸多优势，但尚不能完全替代局部均衡的计量经济模型（刘斌，2008），从经济周期视角分析我国货币政策效应的时变特征时，局部均衡的时变参数计量经济学模型可作为 DSGE 模型的一个有益补充。以往应用 VAR 模型在实证检验货币政策的效应时，可能会因忽视宏观经济和金融市场基本面的信息、变量间的结构性变化和周期联动等在货币政策的效应传导中的作用，而使估计结果的可靠性受到影响。由此，本章在理论分析的基础上，首先利用时变增广向量自回归（TVFAVAR）模型，通过主成分分析方法将宏观经济和金融市场的整体信息纳入模型，应用卡尔曼滤波估计方法，估计经济基本面间存在的结构性变化和风险传染在货币政策的效应传导中的作用，进而对我国货币政策效应的时变特征进行分析，从而避免了因信息遗漏和主观划分结构性变化区间所可能造成的偏误；在此基础上，通过在马尔科夫区制转换模型中引入时变平滑的区制转换函数，实证检验我国货币政策对宏观经济核心变量的时变平滑区制非对称效应，这一拓展将区制转换由随机跳跃间断修正为时变平滑的转换过程，使之与货币政策的效应在不同区制内是一个逐渐变化的过程相适应，更易于对变量间的区制转换做出经济学的解释。

5.1 引　　言

因美国次贷危机而导致的全球经济增速放缓，引发了国内外学者对货币政策效应的争论，也显示了宏观经济与金融市场间存在的结构性变化和风险传染的复杂性和重要性。在互联网泡沫破灭和"9·11"事件的双重影响下，美联储从 2001 年 1 月~2003 年 6 月连续 13 次降息，联邦基准利率由 6% 降至 1%，为 46 年来的最低水平。较宽松的利率政策刺激了房地产、股票等资产价格的上涨，通货膨胀压力显现。美联储为应对通货膨胀，从 2004 年 6 月~2006 年 6 月连续 17 次加息，联邦基准利率由 1% 增加至 5.25%。联邦基准利率上调增加了抵押贷款者的还贷压力，房地产价格也随之大幅下跌。抵押资产价值的下跌增加了重新融资的难度，贷款者面临的利率风险无法被有效转移，当贷款者无力偿还按揭贷款或抵押资产的价值低于未尝本金和违约成本之和时，贷款人便会违约，利率风险也由此迅速扩散至宏观经济和金融市场的各个层面，进而引发金融市场危机和经济衰退。

在现实经济中，宏观经济变量相互依存、互相影响，尤其是受到货币政策等外在冲击下，将会通过间接和直接作用动态传导影响到宏观经济系统的各个层面和相关变量。就相关研究而言，基准利率调整会引发市场间结构性变化和风险传染的事实已被普遍接受。托宾（Tobin, 1969），泰勒（Taylor, 1995），亚伯和埃伯利（Abel and Eberly, 1994）等学者认为，货币政策通过利率等渠道影响投资和产出。随着金融市场一体化和金融创新的发展，货币政策在不同类市场以及虚拟经济与实体经济之间相互作用中的传导机制更趋于复杂。阿雷利亚诺（Arellano, 2008）的研究发现，利率波动会造成消费和产出波动，产出与利率具有负向关联性。哈桑等（Hasan et al., 2009）研究发现，宏观经济变量和资产价格之间的联动反映了利率、坏账损失、违约率等因素的影响，并从单个金融机构风险特征的角度检验了风险驱动因子之间显著的交互作用。罗伯塔和西莫内塔（Roberta and Simonetta, 2008）应用意大利的宏观和金融数据，通过构建 FAVAR 模型的检验结果显示，宏观经济和股票市场的回馈响应会放大紧缩性货币政策对信用风险的冲击。

由此可知，如果货币政策在宏观经济系统中的动态传导机制不能被有效地研究，那么货币政策当局就有可能做出错误的经济决策。这种错误不仅来源于样本信息和变量间的结构性变化不易被充分挖掘和理解，同时还来源于找不到更加有效的方法和分析问题的模型。由于 TVFAVAR 模型和 TVSTAR 模型具有的优越性，是对本章宏观经济议题进行计量分析的理性工具。鉴于以上分析，本章结合我国宏观经济和金融市场的数据，首先应用 TVFAVAR 模型，检验我国货币政策调整对宏观经济和金融市场的基本面和代表性变量的效应。与其他研究货币政策效应的方法相比，时变因子增广向量自回归（TVFAVAR）模型不仅可以通过主成分分析方法，将宏观经济和金融市场的整体信息纳入模型，从而避免了其他模型因变量过多造成的自由度下降或信息遗漏对估计结果造成的偏误，而且该模型还可以很好地估计变量间存在的动态联动关系和结构变化，从而克服了主观划分变量间存在的结构性变化区间所可能造成的偏差，使分析结果具有较强的稳健性和可靠性。因此，应用 TVFAVAR 模型检验货币政策效应的时变特征具有极大的优越性。在此基础上，应用 TVSTAR 模型，研究我国货币政策对宏观经济核心变量的区制非对称效应。TVSTAR 模型通过在转换概率矩阵中引入货币政策的中介目标，应用极大似然估计方法得出模型的时变平滑区制转换概率，使得区制转换是一个时变平滑的转换过程，而不是随机跳跃间断的。TVSTAR 模型结合了 Markov 区制转换和向量自回归方法，使其能够内生划分周期变动的区制，不仅解决了经济变量的内生性问题，还克服了人为主观划分经济变量区制所造成的偏误。

5.2　货币政策效应的影响因素分析

以利率为中介目标的货币政策的效应存在的周期特征，源于货币政策传导机制的非线性，本节应用 CC – LM 模型、金融加速器等经济学理论，阐释货币政策的效应存在周期时变特征的内在原因。

标准的 IS – LM 模型认为，货币政策通过利率变化影响产出和货币需求，进而使商品市场和货币市场达到均衡。由于 IS – LM 模型仅假设市场中存在信贷和货币两种资产，许多学者对此模型做了推广。伯南克和布林德（Bernanke and Blinder，1989）将 IS – LM 模型中的资产数目由两种拓展为三种：货币、债券和信贷。假定银行和贷款者依据利率选择债券或信贷两种信用工具，则信贷需求为：$L^d = L(\rho, i, y)$，其中，ρ 和 i 分别表示信贷利率和债券收益，y 为产出。信贷的供给函数可以表示为：$L^s = \lambda(\rho, i)D(1-\tau)$，其中，$\lambda(\rho, i)$ 为银行去除法定存款准备金率后发放贷款的比例，D 和 τ 分别为存款总额和法定存款准备金率，则当 $L^s = L^d$ 时信贷市场出清；同理，当货币需求等于货币供给时，$D(i, y) = m(i)R$，货币市场达到均衡，其中，$m(i)$ 和 R 分别为货币乘数和基础货币存量。当商品市场和货币市场出清时：

$$y = Y(\rho(i, y, R), i) \tag{5.1}$$

由于式（5.1）中包含了信贷市场和商品市场的信息，而不同于传统的 IS 曲线，而将其称为 CC 曲线。货币政策调整将同时对 CC 曲线和 LM 曲线产生影响，则紧缩性货币政策将使产出从 y_0 下降到 y_1，上述 CC – LM 曲线的移动过程可由图 5 – 1 描述。当不存在完全替代的其他融资渠道时，外部融资升水会放大紧缩性货币政策对经济的影响，但 CC – LM 模型仅是在线性框架下进行的分析。

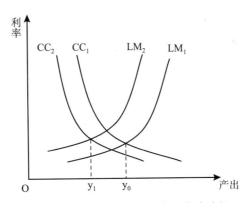

图 5 – 1　CC – LM 模型的曲线移动过程

相关实证研究显示，货币政策调整往往具有非线性效应，并认为引发货币政策非线性效应的原因，在于货币政策调整对总供给曲线和总需求曲线的影响具有非对称效应。货币政策调整对总供给曲线具有非对称效应的原因在于总供给曲线的非线性：同等力度的宽松性货币政策和紧缩性货币政策，在宏观经济的不景气周期和景气周期具有不同的利率产出弹性；在总供给曲线的潜在产出处，扩张性货币政策对产出的影响大于紧缩性货币政策对产出的影响，表现出非对称性，即货币政策调整对总供给曲线的影响依赖于经济周期所处的状态。货币政策在不同经济周期对总供给曲线的效应详见图5－2。

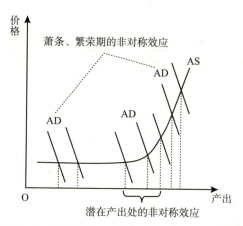

图5－2　货币政策对总供给曲线的非对称效应

依据金融加速器理论，货币政策调整通过资产负债表渠道影响信贷市场时，将会放大货币政策对经济的影响，从而使得货币政策的效应在不同周期存在时变特征，即在信贷约束条件下，货币政策调整对负债高的企业具有较大的影响。伯南克和凯里（Bernanke and Carey，1996）通过构建金融加速器的理论模型对这一问题做了分析：假设企业仅在第 0 期和第 1 期进行生产，企业在第 0 期具有的净资产为 k，可变投入要素的价值为 x_1，企业在第 1 期的产出可以表示为：$a_1 f(x_1)$，其中，a_1 为企业生产的技术参数，$f(x_1)$ 是 x_1 的递增凹函数。可变生产要素的投入额为：

$$x_1 = a_0 f(x_0) + b_1 - r_0 b_0 \qquad (5.2)$$

其中，$a_0 f(x_0)$ 为第 0 期拥有的现金流，b_1 为新增贷款额，$r_0 b_0$ 为需在第 0 期归还的债务额。由于放贷机构很难监督贷款者的行为，企业需以抵押担保的方式获得贷款，且贷款额不超过企业资产的净值：

$$b_1 \leqslant \frac{q_1 k}{r_1} \qquad (5.3)$$

其中，r_1 为折现利率，q_1 为企业拥有的净资产的价格。因此，抵押资产的价值限制了企业可变生产要素的投入。由式（5.2）和式（5.3）可得：

$$x_1 \leqslant a_0 f(x_0) + \frac{q_1 k}{r_1} - r_0 b_0 \tag{5.4}$$

则企业净值的下降，将会减少企业的投资，增加融资的风险溢价：$a_1 f'(x_1) - r_1$。因此，在经济的景气周期，顺周期的企业净值则会减弱紧缩性货币政策对企业投资支出的影响，金融加速器的机制效应不明显；而在经济衰退的初始阶段，贷款者面临的代理成本趋于增加，较高的代理成本减少了支出、投资和产出，进一步放大了不利冲击造成的衰退。随着衰退的加深，货币政策不仅通过改变融资成本对企业的投资产生影响，企业持续恶化的资产状况，还会通过"金融加速器"效应放大不利因素对经济造成的冲击，从而使得货币政策的调整在不同经济环境下的效应呈现出时变特征。见图 5 – 3a。

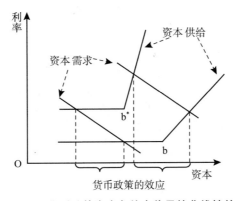

图 5 – 3a　货币政策资产负债表传导的非线性效应

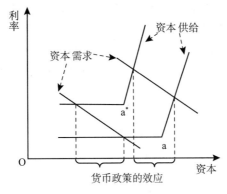

图 5 – 3b　货币政策资产负债表传导的非线性效应

从图 5 - 3a 可以看出，利率提高，公司的净资产由 b 点减缩至 b* 点，在存在信贷约束的条件下，当资产净值小于信贷需求时，资金供给曲线的斜率增加，企业面临的融资升水增加。埃尔伯等（Giovane et al.，2011）进一步研究了贷款供给因素和需求因素对企业贷款的影响，认为在 2007～2009 年金融危机爆发期间，供给因素对贷款增长的影响在雷曼破产之后趋于增加，其中，银行资产负债表的头寸可解释 1/4 的贷款总供给的变化，其余可归咎于增加的信用风险。

粕谷（Kasuya，2005）认为，货币政策的调控效果依赖于商业周期所处的阶段和贷款态度的扩散指数，货币政策在衰退期具有较强的影响，但在严重衰退期的影响趋于消失；货币政策在信贷条件严厉时较有效，但在信贷条件十分严厉时，货币政策的调控效果趋于消失，即融资升水增加，货币政策在经济不景气时期对总需求曲线具有较小的冲击。上述论点可由图 5 - 3b 给予反映。

上述机制可由以下模型进行刻画。假设贷款利率为 r：

$$r = f(L, r_0, w) \qquad (5.5)$$

其中，r_0 为无风险利率（政策变量），L 为贷款额，w 为公司的净资产。需求函数为：$r = g(L)$。假定供给函数 $f(\cdot)$ 和需求函数 $g(\cdot)$ 满足以下一阶条件：

$$\frac{\partial f}{\partial L} > 0, \ \frac{\partial f}{\partial r_0} > 0, \ \frac{\partial g}{\partial L} < 0$$

由于资金需求者和资金供给者之间存在信息不对称，公司融资升水的大小受净资产 w 的影响。公司的净资产是 0 期净资产 w_0 和 r_0 的函数：

$$w = w(r_0, w_0), \ \frac{\partial w}{\partial r_0} < 0 \qquad (5.6)$$

随着公司净资产的增加，公司破产的概率和损失降低，供给函数的一阶导数递减，即：

$$\frac{\partial(\partial f / \partial L)}{\partial w} < 0 \qquad (5.7)$$

当 0 期时的净资产 $w_0 = w_1$ 时，贷款供需均衡时的贷款额为 L^*，则满足以下均衡：

$$f(L^*, r, w) - g(L^*) = 0 \qquad (5.8)$$

对上式求导可得：

$$\left.\frac{\partial L^*}{\partial r_0}\right|_{w_0=w_1} = \frac{\partial f/\partial r_0 + (\partial(\partial f/\partial L)/\partial w)(\partial w/\partial r_0)}{\partial f/\partial L^*|_{w_0=w_1} - \partial g/\partial L} \qquad (5.9)$$

其中，$\partial L^*/\partial r_0$ 表示政策变量 r_0 对均衡贷款额的影响，且依赖于贷款者的净资产 w_0。当净资产值为 w_2 时：

$$\left.\frac{\partial L^*}{\partial r_0}\right|_{w_0=w_2} = \frac{\partial f/\partial r_0 + (\partial(\partial f/\partial L)/\partial w)(\partial w/\partial r_0)}{\partial f/\partial L^*|_{w_0=w_2} - \partial g/\partial L} \qquad (5.10)$$

当 $w_2 > w_1$ 时，则有：

$$\left.\frac{\partial L^*}{\partial r_0}\right|_{w_0=w_2} > \left.\frac{\partial L^*}{\partial r_0}\right|_{w_0=w_1} \qquad (5.11)$$

即在净资产值较小时，货币政策的效应较小。

由上述理论分析可知，货币政策的效应表现出周期特征。就我国而言，货币政策的调整具有怎样的效应，需依据我国宏观经济和金融市场的发展状况，充分考虑宏观经济和金融市场间存在的结构性变化和相互作用，以及经济周期因素和经济金融状况对货币政策效应的影响。为避免经济金融形势发生的变化对实证结果可能造成的偏误，本章选择时变增广向量自回归（TVFAVAR）模型和时变平滑转换自回归（TVSTAR）模型，从经济周期视角研究我国货币政策效应的时变特征。

5.3 TVFAVAR 模型的构建与实证结果分析

5.3.1 模型的设定与参数估计

本书通过构建 TVFAVAR 模型，应用我国宏观经济、股票市场和银行业的数据，采用卡尔曼滤波估计方法对模型的参数进行估计，基于周期视角研究我国货币政策的效应。TVFAVAE 模型是在 FAVAR 模型的基础上发展而来的，FAVAR 模型最早由伯南克等（Bernanke et al.，2002，2005）建立，用于研究美国货币政策的效应。FAVAR 模型由信息方程和状态方程两部分组成，信息方程的形式如下：

$$\begin{bmatrix} F_t \\ Y_t \end{bmatrix} = \Phi(L) \begin{bmatrix} F_{t-1} \\ Y_{t-1} \end{bmatrix} + v_t, \quad v_t \sim N(0, \sum) \qquad (5.12)$$

其中，F_t 表示不可观测的经济变量，Y_t 表示可观测的经济变量，$\Phi(L)$ 为滞后阶数为 q 的滞后多项式矩阵，v_t 表示均值为 0 协方差矩阵为 $\sum$ 的随机误差向量。由于 F_t 为不可观测变量，所以式（5.12）无法直接估计。设定信息时间序列 X_t 与不可观测变量 F_t 和可观测变量 Y_t 具有以下形式的状态方程：

$$X_t = \Lambda_f F_t + \Lambda_y Y_t + e_t, \quad e_t \sim N(0, \sigma) \qquad (5.13)$$

其中，X_t 为 $N \times 1$ 经济变量的时间序列，Λ_f 和 Λ_y 分别为 $N \times K$ 和 $N \times M$ 因子载荷矩阵，e_t 为服从均值为 0 的正态分布残差序列。在由信息式（5.12）和状态式（5.13）组成的系统方程中，F_t 和 Y_t 为影响变量 X_t 波动的两组主要因素，因 F_t 可能包含滞后经济变量，遂认为 X_t 的波动仅受变量当期值的影响。为避免信息集 X_t 中经济变量量纲的不一致性和不稳定性，对 X_t 中变量进行标准化处理，所以系统方程中不包含常数项。

上述标准 FAVAR 模型的参数均为常数，用于研究经济结构发生变化和存在商业周期的经济体可能会存在较大的偏误，特别是对于改革发展中的中国：2003 年，我国对国有商业银行进行股份制改革，引进战略投资者，国有商业银行的职能进一步转变，使得按照以风险为基础的不良贷款比例自改制后逐年下降；另外，中国资本市场的深化、人民币形成机制的改革，以及 2008 年爆发的金融危机，都可能使我国经济变量之间的相互依赖关系发生变化，从而使得我国货币政策调整在不同周期阶段，对宏观经济和金融市场的代表性变量的影响表现出时变特征。因此，为研究问题的需要，进一步把研究这一问题的模型推广为 TVFAVAR 模型：

$$P_t \begin{bmatrix} F_t \\ Y_t \end{bmatrix} = P_t \Phi(L) \begin{bmatrix} F_{t-1} \\ Y_{t-1} \end{bmatrix} + u_t, \quad u_t \sim N(0, S_t) \qquad (5.14)$$

其中，P_t 为随时间变化的主对角元素为 1 的下三角形矩阵，左乘时变矩阵 P_t 是为弥补向量正交化的不足（Eickmeier et al., 2011）；令式（5.14）的参数向量为 α_t，满足随机漫步：$\alpha_t = \alpha_{t-1} + \varsigma_t$，$\varsigma_t \sim N(0, D)$；$S_t$ 为对角矩阵，为减少模型估计的复杂程度和自由度的损失，假设冲击波动的方差为不可观测变量滞后期的幂函数，其滞后期的幂函数为：

$$S_{kt} = e^{(a_k + b_k F_{t-1})}, \quad k = 1, \cdots, K \qquad (5.15)$$

并构建以下时变状态方程:

$$X_{it} = \Lambda_{it}^f F_t + \Lambda_{it}^y Y_t + e_{it}, \quad e_{it} \sim N(0, \sigma_t) \qquad (5.16)$$

假设式 (5.16) 的载荷因子参数满足随机漫步。

在现实经济活动中,许多经济变量很难观测或计量,白等 (Bai et al., 2006) 认为当多个经济变量的时间序列组成的矩阵的主要主成分解释力较强时,该主成分可以作为时间序列变量矩阵的基本解释变量。因此,在对含有不可观测变量 F_t 的信息式 (5.14) 进行估计时,可认为 F_t 为经济变量矩阵 X_t 的前 K 个主成分。由于基准利率是宏观经济和金融市场的代表性变量相互作用的基本影响因素,遂把基准利率看成信息方程中的可观测变量。为去除不可观测变量 F_t 对可观测变量 Y_t 的依赖,根据经济变量受利率波动影响的差异,把信息集 X_t 中的变量分类为快速变化变量和慢速变化变量,并对慢速变化变量做主成分分析,取其前 K 个主成分 F_t^*,建立以下线性回归方程:

$$F_t = c_t^f F_t^* + c_t^y Y_t + \omega_t \qquad (5.17)$$

其中,ω_t 为服从均值为 0 的正态分布。去除可观测变量 Y_t 影响之后的 F_t 为:$\overline{F}_t = \hat{F}_t - \hat{c}_t^y Y_t$,把新赋值之后的 $\overline{F}_t$ 带入式 (5.14)。建立模型式 (5.14) 和式 (5.16) 的状态空间模型,用卡尔曼滤波方法对模型进行估计,把 $\begin{bmatrix} \overline{F}_t \\ Y_t \end{bmatrix} = \hat{\varphi}(L)u_t$ 带入估计后的模型式 (5.16),得到脉冲响应函数: $\hat{X}_{it} = \begin{bmatrix} \hat{\Lambda}_{it}^f, \\ \hat{\Lambda}_{it}^y \end{bmatrix} \hat{\varphi}(L)u_t$,选择核心变量做单位脉冲响应分析,研究货币政策调整对宏观经济和金融市场的代表性变量的动态效应,以及因货币政策调整而引发的联动对货币政策效应的影响。

在对状态空间方程做卡尔曼滤波估计时,采用以下方法给状态空间方程参数赋初值:用极大似然方法估计式 (5.14) 构建的状态空间方程,用状态向量的最终值作为状态向量的初值;由一步向前估计得到的状态向量估计序列建立自回归方程,取其方差的对数为方差参数的初值。然后按照下面步骤进行估计: (1) 给定参数 $t-1$ 期的值,应用卡尔曼滤波估计可得到参数条件分布的均值和估计误差的协方差; (2) 当获得新的观测值 $[\overline{F}_t, Y_t]$ 时,估计其向前一步更新方程; (3) 如果模型不满足稳定性条件,跳过本期的赋值,重新赋值 $t+1$ 期时的观测值,返回步骤 (1) 重复上述步骤。当向前一步更新不满足稳定性条件时，并不表示卡尔曼滤波估计不能估计，应给定下一期的赋值，继续检验所得的矩阵是否满足稳定性条件。

5.3.2 数据说明与模型检验

本研究采用我国 2001 年第 1 季度 ~ 2011 年第 1 季度反映我国宏观经济和金融市场的 68 个变量的时间序列数据[①]。为避免数据量纲的不一致性，对全部数据进行标准化处理，并对非平稳数据取对数差分，对数据存在的季节性采用 X – 12 季节性调整方法进行季节性调整。

数据集 X_t 主要包括四类数据：宏观经济数据、股票市场数据、银行业数据和世界经济数据。为实现数据的降维和获得多维数据 X_t 的综合指标，对 X_t 做主成分分析。根据累计贡献率和碎石图，选取 X_t 的前三个主成分作为不可观测变量 F_t 的赋值，其中，我国数据前三个主成分的累计贡献率为 59%。通过式（5.17）获得去除 Y_t 影响的主成分 $\overline{F}_t$，并建立以下线性回归方程：

$$X_{it} = \beta_{if}\overline{F}_{mt} + \beta_{iy}Y_t + \mu_t, \ i = 1, \cdots, n; \ m = 1, 2, 3 \qquad (5.18)$$

其中，μ_t 为随机变量。在满足参数 t 检验、AIC、SC、D.W 各项检验的基础上，应用斯托克和沃森（Stock and Watson, 2005）的方法，逐一对经济变量 X_{it} 进行估计，取 OLS 回归分析的拟合优度 R^2 作为主成分 $\overline{F}_t$ 对经济变量 X_{it} 解释力的判断标准。我国数据的第 1 主成分对宏观经济变量、外资银行不良贷款率等 33 个经济变量具有较强的解释力（$R^2 \geq 0.5$），称其为宏观驱动因子；第 2 主成分对股票市场数据、一年期贷款加权利率等 7 个经济变量有较强的解释力（$R^2 \geq 0.5$），称其为市场驱动因子；第 3 主成分对商业银行损失类贷款比例、年存款利率等经济变量有较强的解释力（$R^2 \geq 0.5$），称其为信用驱动因子[②]。本章以 3 个月期银行间拆借利率作为基准利率。

根据不同的信息准则，选择模型的滞后期（见表 5 – 1）。为减少参数数量并满足模型残差的序列相关性和单位根检验，本书选择模型的滞后阶数为

---

① 数据来源于《中国经济景气月报》、《中国金融统计年鉴》和财新网等数据库。
② 逐一对经济变量 X_{it} 进行估计，因此并不存在多重共线性问题。由于其中的一些变量并不是本书的研究对象，考虑到本书的篇幅，未在文中一一列出，仅在实证部分列出了需要研究的变量。

1。为避免模型的单个参数显著性检验可能产生的偏误，将用卡尔曼滤波平滑估计标准偏差为零的个数来判断模型时变的整体水平。对 TVFAVAR 模型估计的结果显示，在10%的显著性水平下，自回归矩阵的16个参数中有7个参数显著；同期相关矩阵 P_t 中的6个参数有3个参数显著；对信息方程残差的异方差性进行检验显示，第1主成分信息方程残差的方差为其滞后1期的幂函数：$S_{1t} = e^{(1.68 + 0.09F_{1t-1})}$；第2主成分信息方程残差的方差为其滞后1期的幂函数：$S_{1t} = e^{(1.19 + 0.13F_{2t-1})}$；第3主成分信息方程的残差不具有异方差性。选取宏观经济变量、银行贷款损失率等反映我国经济的代表性变量，用卡尔曼滤波方法对载荷因子方程进行估计。

表 5-1 模型滞后期信息准则

Lag	AIC	SC	HQ
1	14.24950	14.94612*	14.49509*
2	14.06598	15.45921	14.55716
3	14.20293	16.29277	14.93970
4	13.91313*	16.69958	14.89548

注：*表示按照相应的准则选择的滞后期。

5.3.3　基准利率调整的统计分析

本部分对我国数据主成分与货币政策利率的时间序列轨迹进行分析，基准利率与数据主成分的时间序列轨迹见图 5-4。从图 5-4 可以看出，我国的基准利率前期较平稳，后期的波动幅度趋于增加：在次贷危机前期，货币政策当局为应对通货膨胀多次上调基准利率；在次贷危机发生后，为应对内外部波动对我国宏观经济和金融市场造成的冲击，货币政策由紧缩转变为宽松，基准利率下调，并采取了扩张性的财政政策，股票市场和宏观经济随之反弹，但信用驱动因子先降低后增加；在次贷危机后期，央行为应对由宽松货币政策所造成的流动性过剩，多次向上微调基准利率，宏观经济驱动因子先增加后降低，市场驱动因子也经历了小幅波动。

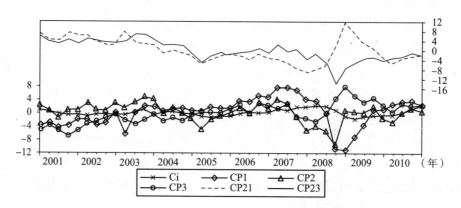

图 5 - 4   数据主成分与基准利率的时间序列轨迹

注：Ci 表示无风险利率，CP1、CP2 和 CP3 分别表示第 1、第 2 和第 3 主成分，CP21 = CP2 - CP1，CP23 = CP2 - CP3。

通过对主成分以及市场驱动因子与宏观驱动因子和信用驱动因子之差的描述性分析，使我们对经济变量间存在的动态相关性和动态相关趋势有了初步认识，也揭示了不同驱动因子在宏观层面上的动态联系。由此可初步判断不同驱动因子之间存在非线性相互作用和联系。货币政策调整有可能引发宏观经济和金融市场波动，在一定情形下，宏观驱动因子、市场驱动因子和信用驱动因子互为触发，相互增强，形成螺旋下降，不同驱动因子间存在"复合效应"；相反，在有些情形下，宏观驱动因子、市场驱动因子和信用驱动因子相互之间互为抑制，相互减弱，不同驱动因子间存在"离散效应"。因此，需动态的分析货币政策对宏观经济和金融市场造成的影响以及因货币政策调整而引发的不同驱动因子之间的联动对货币政策效应的影响。在样本期内，货币政策多次调整，经济金融形势也发生了很大的变化，为研究货币政策效应的时变特征提供了较好的时间窗口。

5.3.4   货币政策对主成分和代表性变量的时变效应分析

本部分对货币政策对经济变量的主成分和代表性经济变量的脉冲响应进行分析，检验我国的货币政策是否存在时变效应。

由图 5 - 5（a）可以看出，基准利率 1 个单位的非预期正向变动，使得基准利率第 1 期（每 1 期为 1 个季度，下同）脉冲的平均值上升 0. 55，其中，在 2001 年第 4 季度~2003 年第 2 季度区间内脉冲具有先正向后负向的变化特征；2003 年第 3 季度~2008 年第 4 季度区间内，正向脉冲持续至第 4 或第 6 期且较平稳；在 2009 年第 1 季度~2011 年第 1 季度区间内，正向脉冲持续至第 2 期，负向脉冲持续至第 7 期。1 年期加权贷款利率第 1 期脉冲的平均值增加 0. 63，在金融危机期间和之后，脉冲的值趋于增加。

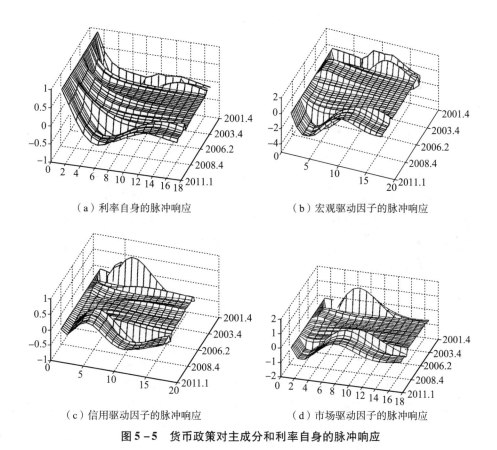

（a）利率自身的脉冲响应   （b）宏观驱动因子的脉冲响应

（c）信用驱动因子的脉冲响应   （d）市场驱动因子的脉冲响应

图 5-5　货币政策对主成分和利率自身的脉冲响应

由图 5-5（b）可以看出，货币政策调整在不同经济周期对宏观驱动因子具有不同的效应。在 2001 年第 4 季度~2003 年第 2 季度，中国加入 WTO、非典等因素对经济的冲击，使得宏观驱动因子的脉冲波动性较大；在 2003 年第 3 季度之后，中国经济进入了平稳快速发展周期，增加的内外部需求减弱了基准利率上调对经济的不利冲击，使得基准利率与宏观驱动因子具有弱的同向波动特征；但在 2006 年第 1 季度之后，中国经济趋于过热以及随后发生的次贷危机，使得宏观驱动因子第 1 期（2006 年第 1 季度～2008 年第 4 季度）脉冲的平均值下降 0.37，持续 11 个季度；在 2009 年第 1 季度～2011 年第 1 季度区间内，第 1 期脉冲的平均值下降 1.6，持续 7 个季度。通过分析宏观经济核心变量的脉冲可知，基准利率与通货膨胀、实际 GDP 增长率等核心变量具有时变关系，这也与欧阳志刚和王世杰（2009）以经济增长和通货膨胀率为阈值变量建立非线性货币政策反应函数得出货币政策对通货膨胀和经济增长的反应，具有非线性和非对称性的结果相一致，其中，实值 GDP 增长率和工业景气指数与宏观驱动因子具有相似的脉冲变化特征。

由图 5-5（c）可以看出，在 2001 年第 4 季度～2003 年第 2 季度区间内，由于我国还未建立真正意义上的商业银行体系，以及国有银行改制和不良资产的剥离，统计所得数据不能反映应有的经济规律，使得信用驱动因子的脉冲具有较大的波动性。在 2003 年第 3 季度～2005 年第 4 季度区间内，信用驱动因子第 1 和第 2 期脉冲的平均值分别为 0.07 和 0.02，这可能是因为在这一时期，国有商业银行的风险管理逐步增强，不良贷款率逐年下降，使得货币政策对信用驱动因子的效应减弱。在 2006 年第 1 季度～2008 年第 4 季度区间内，由于中国经济进入通胀期，房地产、大宗商品等的市场价格上升，减弱了利率波动对信用风险因子的不利冲击，使得信用风险因子脉冲的绝对值小于 0.1。在 2009 年第 2 季度～2011 年第 1 季度区间内，为应对通胀所采取的紧缩性货币政策，以及金融危机对我国经济的影响，使得信用风险因子第 2 期脉冲的值大幅增加。

对于货币政策调整对市场驱动因子的时变效应，由图 5-5（d）可以看出，基准利率上升增加了企业的成本降低了未来的预期收益，市场风险增加，但由于基准利率波动对长期利率影响较弱，市场驱动因子的脉冲响应持续期较短，长期波动性较小；在 2003 年第 3 季度～2005 年第 4 季度区间内，基准利率与宏观经济具有同向波动关系，市场驱动因子在遭受利率负向冲击的同时，受到宏观经济当期的正向冲击和滞后 1 期的负向冲击，使得脉冲表现出持续 2 期的正向波动；在 2006 年第 1 季度～2011 年第 1 季度区间内第 1 期脉冲的平均值减小 0.39。其中，在 2009 年第 1 季度～2011 年第 1 季度区间内，金融 180 股票价格指数脉冲的均值下降 0.16。这也印证了陈平和张宗成（2008）、刘伟奇等（2012）认为货币政策对股票市场的效应存在非对称性和非线性的关系，短期利率上升使得企业债券面临的利率风险和违约风险增加，在 2005 年第 3 季度~2011 年第 1 季度区间内，企业债券价格指数平均下跌 0.36。

由上述对基准利率变动对宏观驱动因子、市场驱动因子和信用驱动因子，以及核心变量的脉冲响应的分析可以看出，货币政策对上述变量的效应随时间的变化而变化，具有时变特征，这与赵进文和闵捷（2005）所得出的货币政策操作效果具有非线性特征的结论一致。

5.3.5 动态联动对货币政策时变效应的影响

本部分进一步研究宏观经济与金融市场之间的动态联动关系对货币政策效应的影响。不同类驱动因子之间的相互作用可能会放大或减弱货币政策的效应：货币政策对某一变量的效应不仅依赖于货币政策对该变量的直接影响，还依赖于其他因素对货币政策调整的动态回馈响应。通过依次假设宏观驱动因子、市场驱动因子和信用驱动因子对整体脉冲响应的冲击为零，可以使我们检验某一驱动因子对其他经济变量的动态回馈响应。

货币政策对商业银行信用风险的时变效应，不仅依赖于货币政策调整对该变量的直接冲击，还依赖于因货币政策调整而引发的宏观经济和金融市场的回馈响应对该变量的间接冲击。在现实经济中，货币政策变动会对个人收入、企业收益、资产价值等产生影响，紧缩性货币政策可能会恶化经济环境，减少贷款者的净值，进而引发违约。因此，在分析货币政策的动态效应时，应充分考虑因货币政策调整而引发的宏观经济和金融市场的回馈响应对货币政策效应的影响：在宏观经济和金融市场周期的不同阶段，货币政策对宏观经济和金融市场的影响不尽相同，使得因货币政策调整而引发的宏观经济和金融市场的回馈响应，在周期的不同阶段对货币政策与商业银行信用风险的关联性产生不同的影响。

在 2008 年第 2 季度之前，宏观驱动因子和市场驱动因子的回馈响应对我国商业银行的信用风险无明显的影响，这可能是因为前期政府对商业银行的注资和不良贷款剥离，以及后期宏观经济和金融市场的繁荣弱化了两者的回馈响应对银行信用风险的冲击；在2008年第3季度~2011年第1季度，消除宏观驱动因子对整体脉冲的影响会造成银行业和国有银行不良贷款率、银行业贷款损失率第1期脉冲的平均值约被低估0.2~0.6，即基准利率对银行业和国有银行不良贷款率、银行业贷款损失率的效应被低估。消除市场风险因子对整体脉冲的影响会造成银行业和国有银行不良贷款率第3期基准利率对其效应的平均值约被低估0.2，银行业贷款损失率第6~10期的效应的平均值被低估0.1，存在一定的时滞，即银行业和国有银行信用驱动因子与宏观经济和市场驱动因子的回馈响应呈现出负向关联性，并随着回馈响应的减弱，脉冲也逐渐减弱收敛于零，且宏观经济的回馈响应对银行信用风险的冲击要强于市场驱动因子对银行信用风险的冲击，即相较于金融市场，货币政策更易通过影响宏观经济进而间接影响银行业的经营状况，这部分是因为我国金融业实施分业经营，金融衍生产品市场不发达，商业银行仍以借贷利差为主要收入来源，而贷款更多的是进入了实体投资和消费，使得违约概率与宏观经济状况具有较强的关联性；在2005年第1季度~2011年第1季度，分别消除宏观经济和市场风险因子的回馈响应对外资银行不良贷款率的影响，会造成货币政策对外资银行不良贷款率第1期的效应分别平均被低估约0.6和0.4。

从上述分析可以看出，货币政策对某一驱动因子和核心变量的效应，会因其他驱动因子正的回馈响应而被放小，因负的回馈响应而被放大。在繁荣时期驱动因子对货币政策的冲击一般具有正的回馈响应，在危机时期则相反，这部分验证了陈守东等（2013）的结论。在样本区间内，驱动因子之间的回馈响应在前期样本要弱于后期样本，不同驱动因子之间的联动趋于增强。这可能会加大中央银行评估和预测货币政策效应的难度和复杂程度，从而造成货币政策根据经济现实的变化被动的做出调整，我国货币政策当局在次贷危机前后对货币政策的往复频繁调整现象可验证这一点。由此可知，科学合理的货币政策能够给经济发展提供有力的政策支持和良好的金融市场环境，并起到平滑经济波动的作用，相反，则会不利于经济的平稳增长，甚至会加大经济波动。

5.4 不同区制下货币政策时变平滑效应的检验

由上述实证结果可以看出，同等力度和方向的货币政策调整，在不同经济环境下对经济目标的效应呈现出时变特征，货币政策的效应可能存在区制非对称性。基于上述分析，接下来将通过在马尔科夫区制转换模型中引入时变平滑的区制转换函数（TVSTAR 模型），实证检验货币政策对宏观经济核心变量的时变平滑区制非对称效应。

周期联动在货币政策效应的传导中发挥着重要的作用。为夯实相关理论基础，现对宏观经济代表性变量间存在的周期联动，以及周期联动影响货币政策效应的机理进行阐述。经济增长周期和通胀周期与房地产周期和固定资产投资周期存在的关联性，是经济发展过程中的固有现象，是多种因素共同作用的结果。诸多学者从多个视角描述了周期波动的方式，并试图进一步分析经济变量周期间的关联性。从宏观视角来说，房地产周期的波动是其内生机制和外部冲击共同作用的结果，而经济增长和通货膨胀是影响其周期波动的重要外部因素：在经济处于扩张周期时，居民收入和通货膨胀一般同时增加，对房地产的消费和投资需求也趋于增加，房地产业进入景气周期；反之则相反。经济周期的波动主要来源于需求冲击、供给冲击和外部冲击等，而固定资产投资是需求冲击中最活跃的因素，因此逻辑上，固定资产投资周期与经济周期应存在某种关联性。但从我国经济的现实来看，国有经济在国民经济中的比重依然很高，以国有经济为主导的政府干预固定资产投资的模式，可能会扰乱固定资产投资周期与经济周期的关联性，对其关联性的判断更多的依赖实证检验结果。在现实经济运行中，货币政策是影响经济周期、房地产周期和固定资产投资周期变动的重要因素，这是因为货币政策是影响市场流动性和货币市场均衡的关键因素，可直接影响经济发展的状况，而经济变量周期间的联动，则会影响货币政策对经济目标的调控效果。研究这一问题的重要性在于，如果房地产周期和固定资产投资周期变动会引致经济周期变动，且货币政策有效，中央银行应对房地产周期和固定资产投资周期的变动做出政策反应，否则，货币政策不应对此做出调整。正如奥菜等（Okina et al., 2010) 的研究所指出的那样，正是由于日本在实施货币政策时没有考虑到货币政策对房地产市场的影响，才导致了日本经济 20 世纪 90 年代的持久衰退和通货紧缩。

因此，在我国经济增速放缓和房地产市场潜在风险隐现的背景下，正确认识货币政策对宏观经济核心变量的时变平滑区制非对称效应，以及房地产周期和固定资产投资周期在经济运行中的作用，及其在货币政策的效应传导中的作用，有利于货币政策当局制定出切实有效的货币政策措施，促进经济增长和金融市场的稳定。

5.4.1　实证 TVSTAR 模型的构建

由于货币政策在不同经济状态下可能存在非对称效应，利用线性模型来考察货币政策的效应，将导致较大的偏误。汉密尔顿（Hamilton，2008）认为，马尔科夫（Markov）区制转换模型能够较好的捕捉变量间的区制性特征。相较于线性模型，Markov 区制转换模型在显现出优越性的同时，也暴露出了诸多不足。Markov 区制转换模型假定区制转换概率由不可观测的马尔科夫束缚遍历过程生成，区制转换过程是随机跳跃间断的，但在现实经济中，经济变量的周期转换并不会突然从一个区制跳跃到另一个区制，而往往是平滑转换的过程，这是因为经济变量的联动和状态区制形成除受到经济变量自身属性的影响外，还受到货币政策调整的影响，而中央银行对货币政策的调整一般都存在着时滞，货币政策调控效果也很难马上完全显现出来，且货币政策调整是一个逐渐增强或减弱的过程，也使得货币政策对经济变量的效应是一个逐渐变化的过程。为弥补上述分析货币政策对宏观经济变量的区制非对称效应的不足，本章基于宏观经济变量周期关联性的视角，把研究这一问题的模型拓展为时变平滑区制转换自回归（TVSTAR）模型，以探究货币政策的时变平滑区制非对称效应。TVSTAR 模型通过在马尔科夫区制转换模型中引入时变平滑的区制转换函数，将区制转换由随机跳跃间断拓展为时变平滑的转换过程，使之与货币政策的效应在不同区制内是一个逐渐变化的过程相适应。在 TVSTAR 模型的转换概率矩阵中引入货币政策的中介目标变量，应用极大似然估计方法得出模型的时变平滑区制转换概率。TVSTAR 模型结合了 Markov 区制转换和向量自回归方法，使其能够内生划分周期变动的区制，不仅解决了经济变量的内生性问题，还克服了人为主观划分经济变量周期所造成的偏误。

马尔科夫区制转换模型的区制转换依赖于信息变量 s_t，s_t 表示在 t 时的占优区制。假设二维时间序列 y_t 为：$(y_{1,t}，y_{2,t})$，且具有 M 阶区制 $s_t \in \{1，\cdots，M\}$ 和一阶滞后，则 y_t 的条件密度函数可表示为：

$$P(y_t \mid y_{t-1}，s_t) = \begin{cases} f(y_t \mid y_{t-1}，s_1)，& s_t = 1 \\ \cdots\cdots \\ f(y_t \mid y_{t-1}，s_M)，& s_t = M \end{cases} \quad (5.19)$$

则 $(y_{1,t}，y_{2,t})'$ 的区制回归方程可表示为：

$$\begin{pmatrix} y_{1,t} \\ y_{2,t} \end{pmatrix} = \begin{pmatrix} \mu_1(s_t) \\ \mu_2(s_t) \end{pmatrix} + \alpha(s_t) \begin{pmatrix} y_{1,t-1} \\ y_{2,t-1} \end{pmatrix} + \varepsilon_t \quad (5.20)$$

在给定 s_t 时，具有一阶滞后的马尔科夫区制转换模型为：

$$E((y_{1,t}，y_{2,t})' \mid y_{1,t-1}，y_{2,t}，s_t) = \begin{pmatrix} \mu_{1,s_t} \\ \mu_{2,s_t} \end{pmatrix} + \begin{pmatrix} \alpha_{11,s_t} & \alpha_{12,s_t} \\ \alpha_{21,s_t} & \alpha_{22,s_t} \end{pmatrix} + \begin{pmatrix} y_{1,t-1} \\ y_{2,t-1} \end{pmatrix}$$
$$(5.21)$$

令 $\varepsilon_{s_t} = y_t - E(y_t \mid y_{t-1}，s)$ 表示模型的随机冲击变量，且服从均值为 0，方差为 $\sum_{s_t}$ 的正态分布，$\sum_{s_t}$ 表示随机冲击变量的协方差矩阵。马尔科夫区制转换模型的区制转换概率由不可观测的 M 阶马尔科夫束缚遍历过程产生，且满足式 (5.22)、式 (5.23)：

$$P_{ij} = P(s_t = j \mid s_{t-1} = i)；i，j = 1，\cdots m， \quad (5.22)$$

$$\sum_{j=1}^{M} P_{ij} = 1，\forall i \in \{1，\cdots，M\} \quad (5.23)$$

其中，y_t 的条件概率分布独立于区制转换变量 s_{t-1}：$P(y_t \mid y_{t-1}，s_{t-1}) = P(y_t \mid y_{t-1})$。从形式上看，马尔科夫区制转换模型的常数项和滞后项参数具有区制转换性质，能较好地捕捉时间序列变量在不同周期阶段具有不同均值和关联性的本质特征。

如前文所述，马尔科夫区制转换模型在显示出优越性的同时，也暴露出较多的缺陷，为弥补上述不足，本章将具有二阶区制转换的随机概率矩阵拓展为条件时变概率矩阵。随机概率矩阵 P_t 为：

$$P_t = \begin{bmatrix} p_{11t} & p_{12t} \\ p_{21t} & p_{22t} \end{bmatrix} \tag{5.24}$$

把概率矩阵 P_t 分解为以下两个矩阵的 Hadamard 乘积：$P_t = Q_t \times P_t$，其中

$$Q_t = \begin{bmatrix} q_{1t} & q_{2t} \\ 1 & 1 \end{bmatrix}, \quad R_t = \begin{bmatrix} 1 & 1 \\ 1-q_{1t} & 1-q_{2t} \end{bmatrix} \tag{5.25}$$

时变概率矩阵 P_t 中的元素由生成函数 $q_{mt} = F(\beta_{s_t} X_k)$，$m = 1$，2 生成，F 为联合正态密度函数，$\beta_{s_t}$ 为待估计参数向量，X_k 为影响转换概率的货币政策中介目标变量。对马尔科夫区制转换模型的这一拓展，能够把时间序列向量间的关联性与货币政策中介目标变量整合在同一模型中，从而作为一个整体更准确地刻画经济变量间关联性的区制性特征以及货币政策的非对称效应。时间序列向量的极大对数似然函数为：

$$L(y_1, \cdots, y_T; \Omega) = \sum_{t=1}^{T} \ln(f(y_t \mid \{X_k\}_{k=1:t-1})) \tag{5.26}$$

则 y_t 的条件正态密度函数为：

$$f(y_t \mid \{X_k\}_{k=1:t-1}) = \sum_{s=1}^{2} f(y_t \mid s_t = s) P(s_t = s \mid \{X_k\}_{k=1:t-1}) \tag{5.27}$$

其中，T 为时间序列样本数，Ω 为信息集。本书基于登普斯特等（Dempster et al.，1977）的期望值最大化方法，最大化以 μ_{s_t}、α_{s_t}、β_{s_t}、$\sum_{s_t}$ 和转换概率 P_t 为参数的对数似然函数。

5.4.2 经济变量的选取与统计性描述

本部分以 1996 年第 1 季度~2012 年第 4 季度的实际 GDP 同比增长率和 CPI 同比变动率的季度数据，作为我国经济周期的两个主要宏观经济指标。在我国经济增速放缓的背景下，以实际 GDP 增速作为衡量我国经济周期的指标，具有无可比拟的优越性，同时，CPI 也是反映和判断我国宏观经济形式的一个重要指标，以实际 GDP 和 CPI 作为经济周期的两个代表性指标，自然也是货币政策当局所关注的两个核心指标。近年来，随着房地产市场的发展，房地产市场已成为影响我国宏观经济稳定的重要因素，其与经济增长和通货膨胀之间的关系，以及在货币政策传导机制中的作用越来越受到重视。房地产不仅是

金融市场中的一种投资资产，房地产在我国宏观经济的运行中具有举足轻重的作用，遂选择房地产开发综合景气指数作为宏观经济的一个代表性变量[①]。作为拉动我国经济增长"三驾马车"之一的投资，固定资产投资占据着我国投资总额的半壁江山，也是反映我国宏观经济状况的一个重要指标。因此，选择实际 GDP 和 CPI 作为经济周期的两个指标，研究这两个指标与房地产周期和固定资产投资周期的关联性，能使我们更全面、深刻的分析和认识经济周期与房地产周期和固定资产投资周期的关联性，以及货币政策所具有的时变平滑非对称效应。同时，我国房地产市场的持续繁荣和持续增加的固定资产投资与经济增长之间存在怎样的联动关系？是否会引发通货膨胀？以及货币政策调控经济的有效性等也是政策制定者和学者关注的重要问题。

以房地产开发综合景气指数的季度平均值作为房地产业变量，以季度固定资产投资完成额同比增长率为固定资产投资变量，并以货币供给量 M_0、M_1 的季度同比增长率和银行间 61～90 天同业拆借季度加权平均利率为货币政策的替代变量。本部分选择货币供给量 M_0、M_1 和银行间拆借利率共同作为我国货币政策的中介目标变量，是由于在检验货币政策对房地产周期与 GDP 周期以及固定资产投资周期与 CPI 周期的非对称效应时，为弥补银行间拆借利率不显著的不足，遂将货币供给量作为货币政策的另一中介目标变量加入模型。未选择 M_2 是因为 M_2 的流动性相对较弱，其与经济的关联性也不如 M_0 和 M_1 紧密。上述数据来源于中经网统计数据库和国家统计局网站。由于上述宏观经济变量序列表现为一个单位根过程，为了满足模型对时间序列平稳性的要求，本书采用 H－P 滤波方法分离出实际 GDP 增长率、CPI、固定资产投资、房地产景气指数、利率和货币供给量 M_0、M_1 的趋势成分和随机波动成分，经 H－P 滤波处理得到的随机波动成分为平稳时间序列，并将随机波动成分定义为该变量的周期。各经济变量周期的时间序列轨迹见图 5－6，其中，实际 GDP 增长率周期（简记为"经济增长周期"）、CPI 周期、房地产周期和固定资产投资周期的对应坐标为图中左边的纵坐标，货币供给量 M_0、M_1 和利率周期的对应坐标为图中右边的纵坐标，横坐标为时间轴。

---

① 房地产开发综合景气指数由房地产开发投资、新开工面积、商品房销售价格等 8 个具有代表性的统计指标进行加权测算，是对房地产业发展变化趋势和变化程度的量化反映，能够全面综合反映房地产市场的宏观现状和发展趋势。

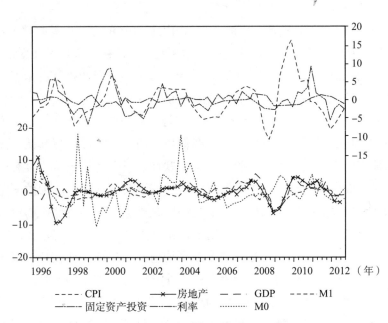

图 5-6　各经济变量周期的时间序列轨迹

　　从图 5-6 可以看出，我国 GDP 增长与 CPI 呈现出同向性和长期均衡的非线性特征。在一部分样本区间内存在"托宾效应"，CPI 同向且领先于 GDP 增长；在另一部分样本区间内，GDP 增长又领先于 CPI，GDP 增长率增加或下降带动通货膨胀上升或降低。在 1998 年之前，我国房地产周期先正向偏离长期趋势，后在宏观调控下进入下行周期；在 1998 年取消住房分配制度至今，房地产周期与 CPI 周期存在近似同步的变动轨迹，并在次贷危机前后经历了一定幅度的波动，但两者周期的联动在下行和上行周期存在差异。房地产周期与经济增长周期之间也存在某种联动关系，前一期经济增长周期对当期房地产周期具有一定程度的牵制，且两者周期的联动在下行和上行周期也不一致。在次贷危机之前，我国经济增长周期并未表现出明显的大幅波动，呈现出增长性和稳定性的特征；在次贷危机时期，经济增长周期进入收缩阶段。随后为应对次贷危机所采取的扩张性的货币政策，使得房地产市场和宏观经济逐渐从危机中复苏，通货膨胀压力重新显现。为防范房地产泡沫和控制通胀，政府又采取了包括行政措施在内的多项房地产调控政策和货币政策，使得经济增长周期、CPI 周期和房地产周期在样本末期出现缓降。从固定资产投资周期的轨迹可看出，固定资产投资在亚洲金融危机时期、2004 年前后和次贷危机时期，存在短暂的投资冲动，即在经济增长的下行周期，固定资产投资趋于增加，在经济增长的上行周期，固定资产投资周期与经济增长周期不具有明显的关联性，这与政府在经济增速下滑时刺激经济的政策措施不无关系。在样本内，固定资产投资周期与 CPI 周期未呈现出明显的周期关联性。同时，在经济变量周期发生变动的过程中也伴随着货币供给量和利率的调整。由上述分析可以初步判断，经济变量周期的关联性可能存在平滑区制转换过程，且与货币政策调整存在时变非对称关系。因此，在联动关系下需要应用新的计量模型，研究货币政策的时变平滑非对称效应，以及经济周期变量间的联动在货币政策非对称效应传导中的作用。

表 5 - 2 给出了各经济变量周期序列的统计特征和平稳性检验结果。其中，经济增长周期、CPI 周期、房地产周期和固定资产投资周期在样本期内具有尖峰厚尾特征，且 CPI 周期和固定资产投资周期的分布具有正偏离，房地产周期和经济增长周期的分布具有负偏离。ADF 检验显示上述经济变量周期均在 1% 的显著性水平下满足平稳性检验。

表 5 - 2　　　　　　　　各经济变量周期的统计描述和平稳性检验

变量序列	统计检验					平稳性检验	
	均值	标准差	偏度	峰度	J - B 统计量	ADF	1% 临界值
房地产	8.82E - 11	3.45	- 0.28	4.77	9.79	- 7.87	- 2.60
CPI	1.47E - 11	2.05	0.22	2.91	0.61	- 5.15	- 2.60
GDP	2.94E - 11	1.84	- 0.28	3.78	2.58	- 4.55	- 2.60
固定资产投资	1.62E - 10	4.99	1.31	6.06	46.11	- 3.98	- 2.60

5.4.3　实证结果与分析

本部分根据 SBC 检验准则选择模型的区制转换阶数，上述经济变量的周期均满足二阶区制转换。从表 5 - 3 可看出，各经济变量周期的关联性均存在显著的区制性特征。另外，为比较区制转换模型与 VAR 模型的优越性，需检验两模型的极大似然估计值是否存在显著的差异。本书应用 Davies 的方法对区制转换模型是否具有优越性进行了检验，检验结果显示：在 5% 的显著性水平下，区制转换平滑自回归模型优于 VAR 模型。从表中 σ_1 和 σ_2 对模型的稳定性检验可知，模型均在 5% 的显著性水平下稳定。下面将对货币政策的时变平滑区制非对称效应进行分析。

本部分选取经济增长周期、CPI 周期、房地产周期和固定资产投资周期的时间序列数据，建立四组二维 TVSTAR 模型，研究货币政策在不同周期下的非对称效应，以及经济周期变量间的联动在货币政策非对称效应传导中的作用。实证结果见表 5－3 和表 5－4，下面对检验结果进行详细分析①。

1. 货币政策对经济周期和房地产周期的时变平滑非对称效应

经济增长周期与房地产周期具有同区制波动特征，转换概率和联动关系随区制状态发生变化。在房地产周期处于景气区制时，前一期经济增长周期正向偏离长期趋势 1 个单位，会使当期房地产周期的值增加 0.39 个单位，经济增长会显著促进房地产业的发展；经济增长会引致就业率和收入增加，从而增加对房地产的消费需求和投资需求，使得房地产开发综合景气指数正向偏离长期趋势。在房地产周期处于不景气区制时，前一期经济增长周期波动对房地产周期具有负向冲击，这是因为我国房地产市场的不景气更多的是政策性调控的结果，政策性调控打乱了房地产市场自身发展的规律。在样本内，由于我国经济增长周期的波动更多的是由结构性因素和外生因素引发，使得房地产周期波动对经济周期不具有显著地影响。这一结论揭示了对房地产市场的有限干预不会对经济增长周期波动造成显著影响，这也使得行政性干预房地产市场成为可能。在景气区制，货币供给量 M_0 的增加或减少，可以使经济增长周期和房地产周期维持在景气区制或转入不景气区制的概率增加，这也使得通过调整货币供给量 M_0 干预经济增长周期和房地产周期成为可能；但在经济增长周期和房地产周期共同脱离景气区制转入不景气区制时，调控货币供给量 M_0 干预经济增长周期和房地产周期的功能失效，其中，货币供给量对房地产周期的影响与周祥和孔刘柳（2013）的结论基本一致，也与下

① 货币政策对单一宏观经济变量的非对称效应检验备索；由于样本量和参数自由度的限制，本部分未将房地产周期、固定资产投资周期和经济变量周期纳入同一 TVSTAR 模型建立三变量的 TVSTAR 模型。

志村和孙俊（2012）得出的货币在经济运行适中状态下能显著促进产出增加的结论一致。由此可知，货币供给量 M_0 对房地产周期和经济增长周期存在时变平滑非对称效应，且在景气区制，货币供给量 M_0 的调整会通过影响经济增长进而放大货币供给量 M_0 对房地产周期的影响，但在不景气区制，货币供给量 M_0 调节房地产周期和经济增长周期的功能失效。

货币政策对 CPI 周期和房地产周期的非对称效应的检验结果显示，在房地产周期处于区制 1 时，房地产市场的景气使得经济主体预防性储蓄和负收入效应快速增加，对消费增长显现出"挤出效应"，减弱了房地产市场的景气引致通胀的效应，使得房地产周期对 CPI 周期仅具有显著但微弱的正向影响，前一期房地产周期正向波动 1 个单位，仅使当期的 CPI 正向增加 0.09 个单位；在房地产周期处于区制 2 时，其与房地产周期具有显著的正向关联性，前一期房地产周期正向波动 1 个单位，将使 CPI 周期的值正向增加 0.51 个单位。即无论是在区制 1 还是在区制 2，房地产市场的景气都将引致通货膨胀水平的增加，但在不同区制存在差异，这与段忠东（2012）得出的房地产在低增长阶段对通货膨胀存在显著的正向影响，反之则不显著的结论基本一致。在 CPI 周期处于区制 1 时，CPI 周期负向变动 1 个单位，将使房地产周期正向变动 0.42 个单位，这可能是因为 CPI 周期负向偏离长期趋势，意味着政府将实施宽松货币政策，进而刺激房地产的投资和消费，从而 CPI 周期波动对房地产周期显现出显著的负向冲击，这与夏程波和庄媛媛（2012）得出的两者在通货膨胀的中速增长区制存在负向关联性的结论一致；而在 CPI 周期处于通胀区制 2 时，房地产周期处于不景气区制，通货膨胀水平增加，则不会引致货币政策当局对房地产的调控，使得 CPI 周期波动对房地产周期不具有显著的影响，这也与货币政策仅在区制 1 时对 CPI 周期和房地产周期存在显著的影响相一致：基准利率变动对 CPI 周期和房地产周期存在时变平滑非对称效应，且 CPI 周期与房地产周期的联动在货币政策的非对称效应的传导中发挥重要作用。当 CPI 周期和房地产周期同时处于区制 1 时，货币政策当局可通过调控基准利率，进而达到调控通货膨胀周期和房地产周期的目标，且房地产周期此时包含对 CPI 周期的领先信息，这与陈继勇等（2013）得出的房地产市场隐含一定程度的未来通胀信息的结论一致，即房地产市场在货币政策传导到通货膨胀水平的过程中发挥了重要的作用；在区制 2 时，基准利率不具有显著的影响。

表 5 - 3 联合区制转换模型的参数估计

项目	变量	房地产与GDP		CPI与房地产		固定资产投资与GDP		固定资产投资与CPI	
区制1	μ_1	- 0. 02	0. 06	- 0. 07	0. 06	- 1. 19 *	- 0. 19	- 0. 22	0. 22
	α_{11}	0. 63 **	- 0. 03	0. 72 **	- 0. 42 **	0. 03	0. 06	0. 40	0. 90 **
	α_{12}	0. 39 **	0. 59 **	0. 09 *	0. 83 **	- 0. 64 **	0. 77 **	0. 27	0. 02
	σ_1	0. 44 **	1. 58 **	0. 30 **	1. 08 **	6. 84 **	0. 33 **	17. 65 **	1. 05 **
	持续期	1. 86		1. 93		2. 00		1. 91	
区制2	μ_2	- 0. 97 *	- 0. 14	0. 01	- 0. 65	0. 74	0. 11	0. 14	- 0. 95 **
	α_{21}	0. 84 **	0. 19	0. 50 **	- 0. 43	0. 35	- 0. 03	- 0. 79	0. 60 **
	α_{22}	- 0. 81 **	0. 31	0. 51 **	1. 29 **	- 0. 80	0. 04	0. 48	- 0. 08
	σ_2	4. 15 **	3. 44 **	1. 06 **	3. 37 **	29. 96 **	4. 79 **	30. 81 **	0. 53 **
	持续期	1. 93		2. 02		2. 05		1. 86	
	RCM	22. 86		33. 31		34. 66		7. 86	
	Davies	61. 88 **		42. 18 **		35. 21 **		24. 34 **	

注: *、** 分别表示在 10% 和 5% 的显著性水平下显著。

表 5 - 4 联合区制转换模型区制转换变量的参数估计

项目	变量	房地产与GDP	CPI与房地产	固定资产投资与GDP	固定资产投资与CPI
区制1	M_0	0. 81 *	—	—	—
	M_1	—	—	—	0. 70 **
	利率	—	- 1. 99 *	- 0. 09	—
区制2	M_0	- 0. 35	—	—	—
	M_1	—	—	—	- 84. 58
	利率	—	- 0. 82	- 1. 21	—

注: *、** 分别表示在 10% 和 5% 的显著性水平下显著。

从图 5 - 7 和图 5 - 8 可看出,平滑转换概率轨迹所识别出来的 CPI 周期、经济增长周期与房地产周期的联动关系所处的景气和不景气区制,很好地反映了我国经济周期和房地产周期的变化过程。其中,在亚洲金融危机和互联网泡沫破灭时期,经济增长周期与房地产周期联动关系区制的转换频率增加;在 2005 年年初~2007 年年底,我国经济积累了巨额贸易顺差[①],以及为应对次贷

---

① 在 2005~2007 年,三年间我国贸易顺差累计增加 5423 亿美元。通过外汇兑换生成的大量高能货币被注入宏观经济,在一定程度上刺激了经济增长。

危机所采取的扩张性的货币政策，使得上述两个阶段处于扩张区制的时间较长。随后政府为应对可能出现的房地产泡沫和严峻的通货膨胀，又实施了从紧的货币政策和房地产调控措施，这也就为 2011 年年底 ~2012 年经济增长周期和 CPI 周期与房地产周期的联动关系再次进入不景气区制埋下了伏笔。但在样本末期，平滑区制转换概率的波动频率趋于增加，紧缩性货币政策的效果还有待观察。

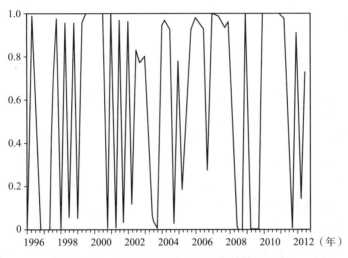

图 5 - 7　房地产与经济增长周期的转换概率

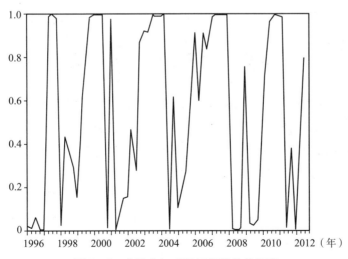

图 5 - 8　房地产与 CPI 周期的转换概率

2. 货币政策对经济周期与固定资产投资周期的时变平滑非对称效应

通过 H. P 滤波方法得到的固定资产投资周期，更多的是外生因素变化对其造成的冲击。在经济增长周期处于不景气区制 1 时，固定资产投资周期存在显著的逆经济周期的波动特征：经济增长周期负向偏离长期趋势 1 个单位，将使固定资产投资周期的值增加 0.64 个单位，而在经济增长周期处于景气区制 2 时，经济增长周期波动对固定资产投资周期不具有显著的影响。这主要是因为以政府为主导的逆经济周期的政策性投资，在我国经济中扮演着重要的角色，如在 1998～2000 年（亚洲金融危机时期）期间，中央投资年平均同比增长率为 29.7%，在 2008～2009年，政府财政支出年平均同比增长高达 116%，由此可初步判断政策性投资的逆周期性。但政策性投资更多的是出于稳定经济增长的目的，使得政策性投资在经济不景气时期影响着我国固定资产投资周期的波动，而在经济增长周期处于景气区制时，政策性投资逐渐推出，经济增长周期与固定资产投资周期的关联性减弱。利率调整对经济增长周期与固定资产投资周期的联动不具有显著影响，这是因为在扩张区制，对利率调整不敏感的政策性投资逐渐退出，非政策性投资对利率调整反应的敏感性趋于下降，在收缩阶段，以国有投资为主导的政策性投资对利率调整不敏感，这与宋立（2003）、徐明东和陈学彬（2012）的结论一致。在 CPI周期处于扩张区制 1 时，固定资产投资周期则处于收缩区制，反之则相反，但两者的周期之间不存在显著的联动关系，这与国家统计局课题组（2004）得出的两者不存在格兰杰因果关系的结论一致。货币供给量 M_1 仅在区制 1 对 CPI 周期与固定资产投资周期的联动具有显著的影响，货币供给量 M_1 增加使其维持在景气区制的概率增大。从平滑转换概率的轨迹图 5-9 和图 5-10 可以看出，固定资产投资周期与 CPI 周期和经济增长周期的联动，维持在景气和不景气区制的持续期约为 2 个季度，且存在平滑转换过程。其中，在 2000 年前后和 2010 年前后爆发的亚洲金融危机和次贷危机，以及随后采取的政策措施，使 CPI 周期处在不景气区制，固定资产投资周期处在景气区制。

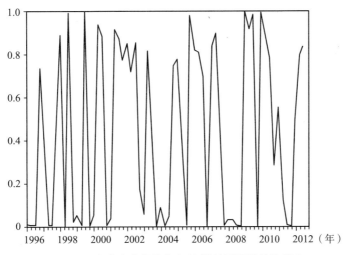

图 5 - 9　固定资产投资与经济增长周期的转换概率

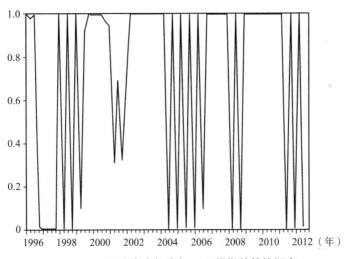

图 5 - 10　固定资产投资与 CPI 周期的转换概率

从上述分析可知，相应经济变量周期的联动存在显著的区制性特征，且以货币供给量为中间目标的传统货币政策，对调控经济增长周期与房地产周期和固定资产投资周期与 CPI 周期的效果，取决于经济相应层面所处的区制状态：在景气区制，货币供给量 M_0、M_1 是稳定经济、控制物价、促进投资和调控房地产市场发展的重要手段，但在不景气区制，则不具有显著的效果。基准利率仅在区制1，即房地产价格上涨引致通货膨胀的效应较弱时，对 CPI 周期和房地产周期具有显著的时变平滑区制性效应。上述结论与凯恩斯和后凯恩斯主义的观点相一致：由于"流动性陷阱"和"挤出效应"的存在，货币政策在经济扩张阶段的效应要大于收缩阶段，中央银行在经济收缩阶段单纯地依靠货币政策稳定经济的作用甚至是有限的。因此，在经济收缩阶段实施的调控措施要达到预期效果，应采取多种调控措施协调配合以稳定经济增长，而当经济受到外部冲击或经济增长出现下滑趋势时，应及时制定和实施有效的货币政策，防范经济进入收缩区制进而减弱货币政策调控经济的效果。

5.5　本　章　小　结

就我国这样经济处于不断发展变化的国家而言，经济金融改革使经济结构发生了相应的变化，经济主体的行为基础不断趋于市场化，货币政策的效应在不同经济金融状态下可能存在差异。因此，从经济周期视角研究我国货币政策效应的时变特征显出其重要意义。

本章首先应用时变增广向量自回归模型，通过主成分分析方法将宏观经济和金融市场的整体信息纳入模型，应用卡尔曼滤波估计方法估计模型的参数，实证检验了我国货币政策效应的时变特征，从而避免了因信息遗漏或主观划分结构性变化区间所可能造成的偏误。在此基础上，通过在马尔科夫区制转换模型中引入时变平滑的区制转换函数，研究了货币政策对我国宏观经济核心变量的时变平滑区制非对称效应，这一拓展将区制转换由随机跳跃间断修正为时变平滑的转换过程，使之与货币政策的效应在不同经济周期内是一个逐渐变化的过程相适应。

本章主要得出以下几点结论：我国货币政策的效应存在时变特征，且货币政策（基准利率）的效应不仅依赖于货币政策对经济变量的直接影响，还依赖于其他因素对货币政策变动的回馈响应。通过依次假设宏观驱动因子、市场驱动因子和信用驱动因子对整体经济的脉冲响应为零发现，数据样本中除货币政策对外资银行不良贷款率的效应，在 2005 年第 1 季度～2011 年第 1

季度区间内受到市场间联动的显著影响外，市场间的联动关系在 2009 年第 1 季度 ~2011 年第 1 季度，对其他部分核心变量的效应存在较大的影响。由此可知，我国货币政策调整所引发的市场间联动对货币政策效应的影响，在金融危机时期和后期要强于金融危机前期，脉冲响应的持续期也较长，金融市场在货币政策的传导中也发挥了重要的作用。这可能是因为在样本前期，我国的金融市场不完善，且存在一定程度的市场分割，阻碍了不同市场间的风险联动，随着我国宏观经济和金融市场的发展和完善，货币政策对经济主体行为的影响以及经济主体的运行基础不断向市场化转变，使得货币政策调整所引发的市场间联动对货币政策效应的影响趋于增强。这也意味着我国的利率市场化改革取得了一定的成果，货币政策调控宏观经济和金融市场的效果变得更有成效，这也要求现阶段的货币政策应随着经济形势的变化而做出相应调整。

以房地产景气指数、固定资产投资、通货膨胀和实际产出为我国宏观经济代表性变量的实证研究显示，货币政策的方向和强度以及观测变量所处的周期和货币政策中介目标的选择，都会影响货币政策的效应。在区制 1，货币供给量 M_0 增加，对稳定经济增长、延长景气周期具有积极作用，但持续和过度的宽松货币政策易引发房地产泡沫，而从紧的货币政策在调控通胀和房地产周期的同时，也会抑制经济增长，且房地产周期此时包含对 CPI 周期的领先信息，房地产市场的景气会减弱利率对通胀的调控效果，这也使得因货币政策调整引发的房地产市场波动对通胀水平的影响不可忽视；在区制 2，货币政策不具有显著的影响。在经济增长周期处于不景气区制 1 时，利率对经济增长周期与固定资产投资周期的联动不具有显著的影响，但固定资产投资周期存在显著的逆经济周期的特征。货币供给量 M_1 仅在区制 1 对 CPI 周期与固定资产投资周期的联动具有显著的影响，货币供给量 M_1 增加使其维持在景气区制的概率增大。

由上述分析可知，我国货币政策的效应随着经济金融环境的变化呈现出周期时变特征，这与赵进文和闵捷（2005）、郑挺国和刘金全（2008）、王立勇等（2010）、孙俊（2013）等所得出的我国货币政策效应的非线性或非对称性与宏观经济所处的周期和阶段有关的结论相一致，且宏观经济与金融市场基本面之间的联动或其代表性变量之间的周期联动，可能会加强或减弱我国货币政策的效应。鉴于金融市场状况和周期联动对货币政策的宏观调控成效发挥重要的作用，在继续将经济增长和价格水平稳定作为我国货币政策最终目标的同时，应优化和拓展货币政策框架，充分利用金融市场、固定资产投资、房地产市场等隐含的信息，进而延伸货币政策宏观调控的宽度，这有助于增强货币政策的理论效力。本章的研究对准确判断我国货币政策在不同经济金融状态下的效应，实现宏观调控目标和平滑经济周期，具有重要的理论和现实意义。

| 第 6 章 |
我国货币政策传导的非对称性效应分析

　　货币政策效应的发挥在很大程度上依赖于货币政策的传导渠道。学者将货币政策作用于最终目标的渠道，传统上划分为利率渠道、信贷渠道和资产价格渠道等。在传统的传导渠道之外，货币政策的风险承担渠道在次贷危机之后，才开始受到货币政策当局和学者的重视：在2007年爆发的次贷危机向实体经济蔓延，并最终形成全球性经济危机的过程中，人们充分见识到了因货币政策调整而累积的银行风险承担对实体经济造成的破坏性影响，学者也由此意识到传统宏观经济理论和模型的不足。有鉴于此，在本书第3章以及李连发和辛晓岱（2012）等证实信贷余额是影响我国实际产出等观测变量变化的重要因素的基础上，本章研究货币政策通过风险承担渠道对信贷余额产生的影响。本章实质上是研究货币政策如何作用于宏观经济。因此，本研究对剖析货币政策通过风险承担渠道影响我国经济具有重要意义，也是对前两章银行部门在我国货币政策传导中发挥重要作用的一个有力补充。

　　对货币政策风险承担渠道效应的研究一般分为两个层次：第一个层次为研究风险承担对货币政策的变动是否做出反应；第二个层次为研究信贷余额对风险承担的变动是否做出反应。本章将综合这两个层次对此进行研究，从而达到研究货币政策通过风险承担渠道对实体经济产生影响的目的。本章通过放松已有理论模型的约束条件，将存款保险制度、市场结构和贷款抵押制度引入理论模型，从理论层面以及应用PTR模型从实证层面，研究我国货币政策通过风险承担渠道对信贷余额产生的影响。

　　本章的内容安排如下：第1节为引言，阐述本章的研究背景和研究内容。

第 2 节通过放松已有理论模型的约束条件，将银行资本水平、市场结构和贷款抵押比例引入理论模型，探讨在不同的银行资本水平、市场结构和贷款抵押比例下，货币政策向银行风险承担的传导。第 3 节应用我国 20 家银行 2000～2012 年的面板数据，通过构建以资本水平为门限变量的面板门限模型，实证检验我国货币政策对银行风险承担的影响。本节采用门限面板模型，以更好的捕捉货币政策对银行风险承担影响的非对称性。第 4 节实证检验风险承担对银行信贷余额的影响。第 5 节探讨本章的研究对我国宏观审慎政策的启示。第 6 节为本章的结论。

6.1　引　　言

货币政策作为宏观调控的重要措施，主要包括货币政策工具、操作目标、中介目标与最终目标四大部分。货币政策当局为了达到宏观调控的最终目标，应用货币政策工具影响中介目标与操作目标，其传导过程分为内部传导过程和外部传导过程。内部传导过程由中央银行进行指导调控，在银行等金融体系的内部完成，包括货币政策工具作用于操作目标和操作目标影响中介目标这两个过程；外部传导是由中介目标对实体经济产生影响，进而影响整个经济运行的过程。从资产负债角度，货币政策传导机制理论传统上分为"货币渠道"和"信用渠道"，其理论分别被称为"货币观点"和"信用观点"。货币观点认为，金融资产只有债券和货币两种，并将银行贷款看作是债券的一种，两者可相互替代，其传导渠道主要包括资产价格、汇率、货币供给量、利率等渠道，不承认金融机构的作用；信用观点认为，银行贷款与债券不可相互替代，货币政策通过影响银行信贷的可得性，进而影响投资，并最终作用于产出。信用渠道强调金融市场的不完全、信息不对称、合约成本等，而银行在这些方面具有优势可发挥特殊重要作用，信用渠道因此是货币政策传导的重要渠道。在次贷危机前，人们比较关注货币政策的货币渠道和信用渠道，学者和货币政策当局对此做了大量的研究，相关文献请参考姜再勇和钟正生（2010）、邓永亮和李薇（2010）、毛泽盛和周志敏（2012）、朱新蓉和李虹含（2013）等学者的研究。直到近年来，对次贷危机的反思才促使货币政策当局和学者开始重视货币政策传导的风险承担渠道，及其对经济稳定的影响。学者们注意到货币政策的调控成效不仅取决于货币政策的调控模式，还取决于银行等金融机构的反应模式，如果金融机构不能对货币政策的调控做出适度反应，货币政策的传导渠道就会受阻，那么货币政策就不能通过中介目标实现其政策目标。随着我国银行的商业化改革和市场经济体制的建立，我国经济中的金融市场因素逐渐增多，金融机构的主体行为越来越多地影响了货币政策的传导，这使得我国货币政策的传导在传统的传导渠道之外，又增添了新的传导渠道。

在过去相当长的一段时期，人们习惯认为金融机构只是在货币政策调控宏观经济中提供一个资金融通的信贷渠道，而忽视了银行的风险承担行为对实体经济的影响。虽然对货币政策传导的风险承担渠道的理论研究最早可追溯到基利（1990），基利在其理论假设下指出，信息不对称下降，将触发激烈竞争，银行为获得更高的收益，将会导致银行放松信贷标准，提高资产负债表中风险资产占比，最终可能引发金融不稳定和危机的发生。撒克（Thakor，1996）、艾伦和盖尔（2000，2007）和拉詹（2006）对此做了进一步的研究，均揭示了货币政策传导的风险承担渠道的存在，但在次贷危机前，上述文献含有的深刻政策意涵和价值并未引起普遍的重视（张雪兰和何德旭，2012）。在相当一段时期，人们没有注意到货币政策对银行风险承担的影响，且认为金融机构的不稳定对实体经济不会产生影响，传统的 IS – LM 模型和 RBC 模型均认为如此，这一结论可由 MM 定理向宏观经济进行引申得到。后来的一些相关研究也只是关注非金融机构的融资约束问题，而将金融机构视为一层面纱。直至次贷危机爆发，才使人们充分见识到了因货币政策调整而累积的银行风险承担对实体经济造成的破坏性影响。在次贷危机爆发之前，美国等发达经济体的名义利率大都低于泰勒利率规则估计的名义利率，长期低利率和充足的流动性刺激了房地产和有价证券等资产价格的膨胀，增加了金融机构的杠杆率和风险承担（Taylor，2009）。正如博里奥和纳尔逊（2008）所指出的那样，长期低利率改变了金融机构（如银行）对风险的偏好和感知程度，而银行的风险偏好和对风险的感知程度在货币政策的传导中起到了重要的作用。在这种情况下，货币政策对金融稳定不是完全中性的，货币政策调整通过影响银行的风险偏好和风险感知程度，进而影响银行的风

险承担。在受到外部冲击时，过高的风险承担使金融机构的融资能力和信贷
供给能力受到约束，由此引发的金融机构信贷供给减少使实体经济无法正常
运行。2007 年爆发的次贷危机使人们意识到了不能忽视货币政策通过风险承
担渠道对信贷供给造成的影响。

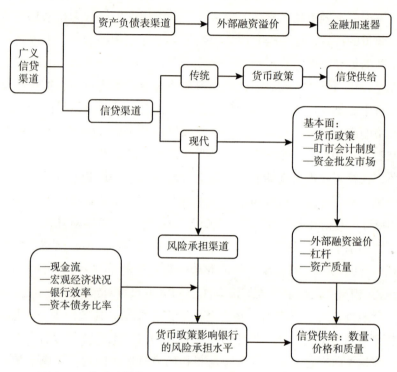

图 6-1　货币政策传导的风险承担渠道与广义信贷渠道的关系

　　货币政策传导的风险承担渠道，与信贷渠道、资产价格渠道等货币政策
的传统渠道相互补充，共同影响货币政策的效应（博里奥和朱，2012）。在
某种意义上，货币政策传导的风险承担渠道与广义信贷渠道相关（Bernanke
and Blinder，1988），但近期的研究指出两者存在区别：货币政策传导的风险
承担渠道通过改变银行（或其他投资者）对风险的偏好和感知程度，影响银
行的信贷决策，并最终作用于总产出和金融稳定；而广义信贷渠道则关注货
币政策通过影响资产负债表或预期来影响信贷供给，并最终影响实体经济。

由此可知，相较于传统的信贷渠道，货币政策传导的风险承担渠道重视了银行行为对货币政策传导的影响，显示出原有宏观经济理论和模型对货币政策风险承担传导渠道的忽视。货币政策传导的风险承担渠道与广义信贷渠道之间的关系如图 6 - 1 所示（Lopez et al.，2011；张雪兰和何德旭，2012）。

近年来对货币政策风险承担传导效应的研究，主要沿着两条主线进行展开研究：第一条主线是以银行的特征变量为调节变量，研究货币政策对信贷供给的影响；第二条主线围绕货币政策影响代理人风险承担的角度进行推进。就我国而言，信贷供给是影响我国宏观经济的一个重要因素。且随着我国银行业的市场化改革，以及货币政策框架的逐步确立和完善，国有银行、股份制银行以及部分城市商业银行的行为和约束条件发生了很大的变化，银行的风险识别、风险定价和感知程度等银行的内在属性，对银行风险承担的影响趋于明显，在货币政策的宏观调控中发挥着重要的作用。我国近几年并未发生货币政策通过风险承担渠道对实体经济造成巨大的破坏，进而引发经济危机，其中一个重要的原因就是国家对金融机构近乎苛刻的管制和隐性信用担保。但随着我国利率市场化的不断推进和银行的商业化改革，原有的补贴会逐步退出，隐性信用担保也将被存款保险制度所替代。这也意味着我国的金融机构未来将存在破产的可能，原来被隐藏的货币政策通过风险承担渠道对实体经济的影响也将暴露出来。因此，在该背景下对上述议题进行研究具有很强的现实意义。基于货币政策通过风险承担渠道影响实体经济的重要性，以及相关研究的前沿性和本文研究的主体，本章从利率影响风险承担进而影响信贷供给（信贷余额）这一货币政策传导的路径和主线进行研究。这一主题包含以下议题：我国货币政策传导的风险承担效应在我国是否存在？银行风险承担水平的变化对信贷余额存在怎样的影响？

尽管大多数相关研究证实了宽松货币政策会引致银行风险承担水平的提高，但近期的实证研究显示，在不同条件下，银行风险承担对货币政策的反应存在非对称性（Angeloni et al.，2011；方意等，2012），其非对称性主要表现在时间上的非对称性和作用对象的非对称性。学者分别从风险转移效应与资产配置效应的对抗、杠杆率、风险转移效应和利率传递效应的相互作用，以及价格效应、替代效应、边际效应与特许权价值效应的交叠等角度，对货币政策风险承担渠道效应的非对称性进行了研究。上述研究存在的不足在于：

一方面，现有研究主要运用 GMM 或系统差分 GMM 等方法对线性模型进行估计，没有充分考虑在不同的银行资本水平下，同样立场的货币政策对银行风险承担的影响不同，而可能存在的非对称性；另一方面，学者为了能够对危机发生的原因以及货币政策在其中的作用进行解释和评价，将研究的重心放在了货币政策对金融机构风险承担水平的影响上，针对货币政策通过风险承担渠道对信贷供给影响的研究几乎没有。但我们应该注意到，次贷危机发生的一个重要原因就是因货币政策而累积的银行风险承担限制了银行的融资能力，进而导致银行惜贷使得宏观经济无法正常运行。基于此，本章的研究有别于以往将金融部门作为一层面纱的简化处理，即金融部门结构的变化不会对宏观经济带来影响（MM 定理），或将研究仅局限在货币政策对金融机构风险承担的影响上，本章将研究的重心放在货币政策通过风险承担渠道对信贷余额的影响上。具体的，本章首先，通过建立一个理论模型，从杠杆率、风险转移效应和利率传递效应相互作用的角度，分析货币政策向银行风险承担传导的非对称性；其次，实证检验我国货币政策通过风险承担渠道对信贷余额产生的影响，从而使本章的研究涵盖一个较为完整的货币政策传导路径。这也是本章的一个创新之处。

6.2　我国货币政策传导的理论模型

本小节主要从货币政策传导效应的第一个层次，基于理论模型研究风险承担对货币政策的变动是否做出反应。

6.2.1　模型的设定与求解

戴尔·阿里西亚和马奎兹（Dell'Ariccia and Marquez, 2010）通过构建理论模型，分析了货币政策向银行风险承担的传导。该理论模型基于以下两个假设，一是在全额存款保险制度下，银行为有限责任者，且以银行的资本结构表示银行的风险承担意愿，即银行监督贷款的努力程度；二是货币政策影响银行的负债成本。模型的上述两个假定反映了银行的风险转移效应和组合配置效应：组合配置效应（利率传递效应）是指紧缩性货币政策通过利率的传递效应提高了贷款利率，银行资产的收益增加，进而提高了银行监督贷款的努力程度；风险转移效应则是指紧缩性货币政策使银行的负债成本增加，银行为增加偿债能力，风险承担增加。从上述分析可以看出，因货币政策调整而引发的银行的风险转移效应和组合配置效应，具有相反的作用方向。当货币政策的风险转移效应弱于组合配置效应时，银行的风险承担增加，反之银行的风险承担降低。但货币政策与银行风险承担的关系还受到银行有限责任程度的影响。这是因为有限责任保护程度与风险转移效应正相关，即在不同的银行资本水平下，相同货币政策立场下的风险承担不同。因此，货币政策向银行风险承担的传导强度和方向取决于这两种效应的相对大小和银行的资本水平。就我国的商业银行而言，存在形式上的政府隐性担保，且抵押担保贷款在我国银行业的贷款业务中占有较大的比例，当贷款发生违约时，可用抵押物的价值弥补贷款违约的部分损失。本章构建的理论模型的 3 个假设条件如下：

假设 1：银行业存在存款保险制度和抵押担保贷款制度，且银行为有限责任者[①]。

假设 2：抵押担保资产的价值为 $M = \theta L(r_L)$，其中，$\theta \sim U(0, 1)$，$L(r_L)$ 为贷款需求额，贷款需求额可以表示为贷款利率 r_L 的线性减函数：$L(r_L) = a - b \times r_L$。

因此，在不要求存款额外风险补偿的情况下，引入存款保险制度和抵押担保贷款制度，可认为银行的存款利率 r_D 等于货币政策利率 r。银行为减少贷款违约的损失、防范贷款者故意不归还贷款，银行会对贷款进行监督。假设银行监督贷款的努力程度为 p，银行监督贷款的努力程度越高，贷款者归还贷款的概率也就越高，因此，可以假设贷款者归还贷款的概率为 p。同时，银行监督贷款者的行为需要成本，假设银行监督贷款的成本可以表示为银行监督贷款努力程度的二次比例函数，监督贷款的成本为 cp^2。

假设 3：银行的放贷资金来源于银行自有资本和储蓄存款，两者的比例分别为 k 和 $1 - k$，且 $k \in [0, 1]$，银行单位资本要求的收益 r_z 为：$r_z = r + \varsigma$，

---

① 此处设定的存款保险制度类似于我国存在的隐性存款保险制度。

其中，ς 为风险溢价，并与货币政策利率不相关。

在上述假设条件下，当银行发放的抵押担保贷款发生违约时，在有限责任下银行无须向存款者支付利息。因此，当 $M \leqslant (1-k)L(r_L)$ 时，抵押担保贷款的抵押物拍卖所得全部归存款者所有，本金不足部分由保险公司赔付；当 $(1-k)L(r_L) < M \leqslant L(r_L)$ 时，抵押担保贷款的抵押物拍卖所得除支付存款者的本金外还有剩余，剩余部分归银行所有，剩余额度为：$M-(1-k)L(r_L)$。因此，当 $M \leqslant (1-k)L(r_L)$ 时，银行的预期利润可以表示为：

$$R_1 = -\left[r_z k + \frac{cp^2}{2} \right] L(r_L)$$

当 $(1-k)L(r_L) < M \leqslant L(r_L)$ 时，银行的预期利润可以表示为：

$$R_2 = M - \left[(1-k) + r_z k + \frac{cp^2}{2} \right] L(r_L)$$

则银行的预期收益函数可以表示为：

$$R = \left[p(r_L - r_D(1-k)) + \frac{(1-p)k^2}{2} - r_z k - \frac{cp^2}{2} \right] L(r_L) \qquad (6.1)$$

利润函数关于 p 的一阶条件可表示为：

$$\frac{\partial R}{\partial p} = \left[r_L - r_D(1-k) - \frac{k^2}{2} - cp \right] L(r_L) = 0$$

由此可得：

$$\hat{p} = \min\left\{ \frac{r_L - r_D(1-k) - 0.5k^2}{c}, \ 1 \right\}$$

易知存在 c，使 $\hat{p} \neq 1$。所以我们仅讨论

$$\hat{p} = \frac{r_L - r_D(1-k) - 0.5k^2}{c}$$

的情形。在政府的隐性存款保险制度下，$r_D = r$，将 $\hat{p}$ 代入利润函数式（6.1）可得：

$$R(\hat{p}) = \left[\frac{(r_L - r(1-k) - 0.5k^2)^2}{2c} + \frac{k^2}{2} - r_z k \right] L(r_L)$$

对 $R(\hat{p})$ 求关于 r_L 的一阶导数可得：

$$\frac{\partial R(\hat{p})}{\partial r_L} = \frac{r_L - r(1-k) - 0.5k^2}{c} L(r_L) + \left[\frac{(r_L - r(1-k) - 0.5k^2)^2}{2c} + \frac{k^2}{2} - r_z k \right] \frac{\partial L(r_L)}{\partial r_L}$$

$$(6.2)$$

令 $G = \dfrac{\partial R(\hat{p})}{\partial r_L}$，可以推导出式（6.3）和式（6.4）：

$$\frac{\partial G}{\partial r_L} = \frac{L(r_L)}{c} + 2 \frac{\partial L(r_L)}{\partial r_L} \frac{r_L - r(1-k) - 0.5k^2}{c} \tag{6.3}$$

$$\frac{\partial G}{\partial r} = -\frac{(1-k)L(r_L)}{c} - \left[\frac{(r_L - r(1-k) - 0.5k^2)(1-k)}{c} + k \right] \frac{\partial L(r_L)}{\partial r_L} \tag{6.4}$$

由式（6.2）可得：

$$L(r_L) = -\left[\frac{r_L - r(1-k) - 0.5k^2}{2} + c \frac{0.5k^2 - r_z k}{r_L - r(1-k) - 0.5k^2} \right] \frac{\partial L(r_L)}{\partial r_L}$$

由此可得：

$$\frac{\partial G}{\partial r_L} = \frac{1}{c} \frac{\partial L(r_L)}{\partial r_L} \left[\frac{3}{2}(r_L - r(1-k) - 0.5k^2) + c \frac{r_z k - 0.5k^2}{r_L - r(1-k) - 0.5k^2} \right] < 0 \tag{6.5}$$

$$\frac{\partial G}{\partial r} = -\frac{\partial L(r_L)}{\partial r_L} \left[\frac{(r_L - r(1-k) - 0.5k^2)(1-k)}{2c} + \frac{(r_z k - 0.5k^2)(1-k)}{r_L - r(1-k) - 0.5k^2} + k \right] > 0 \tag{6.6}$$

由式（6.5）和式（6.6）可得：

$$\frac{\partial r_L}{\partial r} = -\frac{\partial G / \partial r}{\partial G / \partial r_L} > 0$$

在连续函数情形下，考虑 $k = 0$ 和 $k = 1$ 时的情形。当 $k = 0$ 时：

$$\frac{d\hat{p}}{dr} = \frac{1}{c}\left(\frac{d\hat{r}_L}{dr} - 1 \right) < 0$$

当 $k = 1$ 时：

$$\frac{d\hat{p}}{dr} = \frac{1}{c} \frac{d\hat{r}_L}{dr} > 0$$

由此可知，存在一个 $k = k_0$，使得 $\dfrac{d\hat{p}}{dr}\Big|_{k = k_0} = 0$。

通过上述理论模型的推导结果可得出以下结论：

结论1：在存款保险制度和抵押担保贷款制度下，存在某一值 k_0，当 $k > k_0$ 时，$\dfrac{d\hat{p}}{dr} > 0$；当 $k < k_0$ 时，$\dfrac{d\hat{p}}{dr} < 0$。即存在以银行的特征变量资本水平为门

限变量，以利率为中介目标变量的货币政策向银行风险承担的传导存在门限非对称性。

结论2：在给定贷款利率 r_L 的情况下，$\dfrac{\partial \hat{p}}{\partial r} = -\dfrac{1-k}{c}$，即随着货币政策中介目标变量利率 r 的提高，银行监督贷款的努力程度会下降，即在其他条件不发生变化的情况下，利率上升，银行的利润下降，银行监督贷款的积极性下降，风险承担增加。

由上述分析可以看出，紧缩货币政策使贷款利率提高，在较高的贷款收益下，组合配置效应使银行的风险承担降低，但银行负债成本的增加，则增强了银行有限责任下的风险转移效应，使银行的风险承担提高。在有限责任和抵押担保制度下，倘若银行完全通过吸收存款来发放贷款，在发生违约时，银行的损失仅为监督成本。当利率提高时，银行为获得预期收益，则会增加投资组合中高收益（高风险）资产的比例，从而增加了银行的风险承担；当银行完全以自有资本进行投资时，利率提高不影响银行的负债成本，银行的风险转移效应不存在。而在银行的杠杆率介于 0 和 1 之间时，货币政策向银行风险承担的传导方向受银行资本水平的影响。

接下来从理论上探讨，在存款违约偿付比例为 $\beta \in [0, 1)$[①]，贷款抵押比例为 $\theta \in [0, 1]$ 的商业银行体系下，货币政策向银行风险承担的传导。假设储蓄者为风险中性，储蓄者虽然不能直接观测到银行监督贷款的努力程度 p（即银行发生违约的概率为 1 - p），但可以通过观测银行的资本水平 k 推断银行发生违约的概率，则风险中性的储蓄者所要求的存款利率满足式（6.7）：

$$pr_D + (1-p)\beta r_D = r \tag{6.7}$$

其中，r 为无风险的基准利率。由式（6.7）可得：

$$r_D = \frac{r}{(1-\beta)p + \beta} \tag{6.8}$$

在贷款抵押比例为 θ 的条件下，商业银行利润最大化的目标函数为：

$$\prod = \left(p(r_L - r_D(1-k)) + (1-p)\theta - r_z k - \frac{1}{2}cp^2 \right) L(r_L) \tag{6.9}$$

---

① 在人民银行预计 2015 年实施存款保险制度以及推动利率市场化的背景下，该部分的研究有助于从理论上认知实施存款保险制度后货币政策对银行风险承担的影响。为方便分析问题，本章假设存款违约按比例偿付，未来将对存款违约按限额偿付进行研究，但这并不影响本章的研究结论。

由商业银行利润最大化的目标函数 $\prod$ 关于 p 的一阶条件可得：

$$p = \frac{r_L - \theta - r_D(1-k)}{c} \tag{6.10}$$

进而可推导出：

$$c(1-\beta)p^2 - ((1-\beta)(r_L-\theta) - c\beta)p + r(1-k) - \beta(r_L-\theta) = 0 \tag{6.11}$$

取式（6.11）较大的根为：

$$\hat{p}(k) = \frac{1}{2c(1-\beta)}\Big[(1-\beta)(r_L-\theta) - c\beta +$$
$$\sqrt{((1-\beta)(r_L-\theta)-c\beta)^2 - 4c(1-\beta)(r(1-k)-\beta(r_L-\theta))}\,\Big] \tag{6.12}$$

求 $\hat{p}(k)$ 关于 r 的一阶导数可得：

$$\frac{d\hat{p}}{dr} = \frac{1}{2c(1-\beta)}\left[(1-\beta)\frac{dr_L}{dr} + \frac{((1-\beta)(r_L-\theta)-c\beta)(1-\beta)\frac{dr_L}{dr} - 2c(1-\beta)\left(1-k-\beta\frac{dr_L}{dr}\right)}{\sqrt{((1-\beta)(r_L-\theta)-c\beta)^2 - 4c(1-\beta)(r(1-k)-\beta(r_L-\theta))}}\right] \tag{6.13}$$

将贷款的需求函数 $L(r_L) = a - br_L$ 代入商业银行利润最大化的目标函数，求商业银行利润最大化的目标函数 $\prod$ 关于 r_L 的一阶导数可得：

$$\frac{d\prod}{dr_L} = (a - br_L)\frac{r_L - \theta - r_D(1-k)}{c} - b\left(\frac{(r_L - \theta - r_D(1-k))^2}{2c} + \theta - r_z k\right) = 0 \tag{6.14}$$

由式（6.14）可求得 r_L 的表达式为：

$$\hat{r}_L = \frac{1}{3b}\Big[a - b\theta + 2br_D(1-k) + \sqrt{(a - b\theta - br_D(1-k))^2 + 6b^2 c(r_z k - \theta)}\,\Big] + \theta \tag{6.15}$$

由式（6.15）可得贷款利率 r_L 关于 r 的一阶条件为：

$$\frac{dr_L}{dr} = \frac{2}{3}\frac{dr_D}{dr}(1-k) + \frac{bck - \frac{1}{3}(a - b\theta - br_D(1-k))(1-k)\frac{dr_D}{dr}}{\sqrt{(a - b\theta - br_D(1-k))^2 + 6b^2 c(r_z k - \theta)}} \tag{6.16}$$

当 k = 1 时，$\dfrac{dr_L}{dr} = \dfrac{bc}{\sqrt{(a-b\theta)^2 + 6b^2 c(r_z - \theta)}} > 0$。由此可知，当 k = 1 时：

$$\frac{d\hat{p}}{dr} = \frac{1}{2c(1-\beta)}\left[(1-\beta)\frac{dr_L}{dr} + \frac{((1-\beta)(r_L-\theta)-c\beta)(1-\beta)\frac{dr_L}{dr} + 2c(1-\beta)\beta\frac{dr_L}{dr}}{\sqrt{((1-\beta)(r_L-\theta)-c\beta)^2 + 4c(1-\beta)\beta(r_L-\theta)}}\right] > 0$$

$$(6.17)$$

当 $k=0$ 且当 $\theta=0$ 时，$\frac{dr_L}{dr} = \frac{1}{3}\frac{dr_D}{dr}$，将 $r_D = \frac{r}{(1-\beta)p+\beta}$ 代入 $\frac{dr_D}{dr}$ 可得式（6.18）：

$$\frac{dr_D}{dr} = \frac{(1-\beta)p+\beta - r(1-\beta)\frac{d\hat{p}}{dr}}{((1-\beta)p+\beta)^2}$$

$$(6.18)$$

将式（6.18）代入 $\frac{d\hat{p}}{dr}$ 可得：

$$\frac{d\hat{p}}{dr} = \frac{1}{2c(1-\beta)}\left[\frac{1}{3}(1-\beta)\frac{(1-\beta)p+\beta - r(1-\beta)\frac{d\hat{p}}{dr}}{((1-\beta)p+\beta)^2} + \right.$$

$$\left.\frac{((1-\beta)r_L-c\beta)(1-\beta)\frac{(1-\beta)p+\beta - r(1-\beta)\frac{d\hat{p}}{dr}}{3((1-\beta)p+\beta)^2} - 2c(1-\beta)\left(1-\beta\frac{(1-\beta)p+\beta - r(1-\beta)\frac{d\hat{p}}{dr}}{3((1-\beta)p+\beta)^2}\right)}{\sqrt{((1-\beta)r_L-c\beta)^2 - 4c(1-\beta)(r-\beta r_L)}}\right]$$

$$(6.19)$$

由式（6.19）可求得 $\frac{d\hat{p}}{dr}$ 的表达式如下：

$$\frac{d\hat{p}}{dr} = \frac{(A + (1-\beta)(r_L-c\beta) + 2c\beta - 6c((1-\beta)p+\beta))((1-\beta)p+\beta)}{6c((1-\beta)p+\beta)^2 A + (A + (1-\beta)(r_L-c\beta) + 6c\beta)r(1-\beta)}$$

$$(6.20)$$

其中，$A = \sqrt{((1-\beta)r_L-c\beta)^2 - 4c(1-\beta)(r-\beta r_L)}$。由

$$\hat{p}(k) = \frac{1}{2c(1-\beta)}\left[(1-\beta)r_L - c\beta + \sqrt{((1-\beta)r_L-c\beta)^2 - 4c(1-\beta)(r-\beta r_L)}\right]$$

可得当 $k=\theta=0$，$\frac{d\hat{p}}{dr} < 0$。当 $\theta\in[0,1]$ 时，由 $\hat{p}$ 关于 θ 的一阶条件可得：

$$\frac{d\hat{p}(k)}{d\theta} = -\frac{1}{2c(1-\beta)}\left[(1-\beta) + \frac{(1-\beta)((1-\beta)(r_L-\theta)-c\beta)+2c\beta(1-\beta)}{\sqrt{((1-\beta)(r_L-\theta)-c\beta)^2 - 4c(1-\beta)(r(1-k)-\beta(r_L-\theta))}}\right] < 0$$

$$(6.21)$$

至此，由上述理论模型的推导结果可得出以下结论：

结论 3：在存款违约偿付比例为 β 和贷款抵押比例为 θ 的商业银行体系下，储蓄者所要求的存款利率为：$r_D = \dfrac{r}{(1-\beta)p+\beta}$，且存在 $\tilde{k}$，当 $k < \tilde{k}$ 时，$\dfrac{d\hat{p}}{dr} < 0$，当 $k > \tilde{k}$ 时，$\dfrac{d\hat{p}}{dr} > 0$。

结论 4：在存款违约偿付比例为 β 和贷款抵押比例为 θ 的商业银行体系下，$\dfrac{d\hat{p}(k)}{d\theta} < 0$，即商业银行监督贷款的努力程度随抵押贷款比例的增加而降低。

由结论 3 可知，在我国实施存款保险制度后，原有的隐性存款保险制度消失，储蓄者的储蓄面临违约风险。风险中性的储蓄者因此而要求相较于原来隐性存款保险制度下更高的存款利率，且在不同的银行资本水平下，货币政策对银行风险承担的影响程度和方向存在差异。

由结论 4 可知，贷款抵押比例增加降低了贷款违约所造成的损失，但会降低商业银行监督贷款的努力程度。对货币政策当局和监管机构而言，应加强对商业银行资本水平的监管，以及货币政策向商业银行风险承担的传导。在不同的商业银行资本水平和贷款抵押比例下，货币政策向银行风险承担的传导具有不同的强度和方向，这也为货币政策当局与商业银行监管机构应加强合作提供了理论上的依据。

6.2.2　市场结构的影响分析

货币政策向银行风险承担的传导取决于银行的风险转移效应和组合配置效应。接下来将考察市场结构是否会影响货币政策向银行风险承担的传导，本章考察的市场结构为完全竞争市场和垄断市场。

1. 完全竞争市场情形

由完全竞争市场的假设可知，在给定政策利率下银行的利润为零。在无存款保险制度的情形下，储蓄者可观测到商业银行确定的杠杆率 k，并以此确定存款利率为：$r_D = \dfrac{r^*}{E(p \mid k)}$，在均衡条件下，$r_D = \dfrac{r^*}{\hat{p}}$，由此可得：

$$\hat{p} = \frac{r_L - \theta + \sqrt{(r_L - \theta)^2 - 4cr^*(1-k)}}{2c} \tag{6.22}$$

在完全竞争市场条件下，银行需满足的零利润条件为：

$$R(\hat{p}) = \left[\hat{p}r_L - r^* - k\varsigma + (1-\hat{p})\theta - \frac{c\hat{p}^2}{2}\right]L(r_L) = 0 \tag{6.23}$$

由此可得：

结论5：在完全竞争市场条件下，银行监督贷款的努力程度随利率的提高而增加，即$\frac{d\hat{p}}{dr^*} > 0$，当$k=0$时，$\frac{d\hat{p}}{dr^*} = 0$。

在完全竞争市场条件下，求$\hat{p}$关于θ的导数可得：

$$\frac{d\hat{p}}{d\theta} = -\frac{\sqrt{(r_L - \theta)^2 - 4cr^*(1-k)} + (r_L - \theta)}{2c\sqrt{(r_L - \theta)^2 - 4cr^*(1-k)}} < 0 \tag{6.24}$$

由此可得：

结论6：在完全竞争的市场结构下$\frac{d\hat{p}}{d\theta} < 0$，即银行监督贷款的努力程度随抵押贷款价值比的增加而降低。这是因为随抵押资产价值比的增加，银行在同样监督贷款的努力程度下，因贷款违约而造成的损失降低。

结论1和结论3与结论5相对应，在商业银行具有市场垄断力时，当商业银行的资本水平高于某一资本水平k_0时，商业银行的风险承担才随货币政策利率的增加而降低。这是因为货币政策利率向贷款成本的传导随商业银行垄断能力的减弱而增强，在完全竞争市场条件下，货币政策利率的变动完全传导到贷款成本的变动，此时，商业银行组合配置效应占优，商业银行的风险转移效应消失。

当商业银行可内生化选择银行的资本水平以获得利润的最大化，商业银行利润最大化的目标函数可表示为：

$$\max_k R(k) = \left(\hat{p}r_L - r^* - k\varsigma + (1-\hat{p})\theta - \frac{c\hat{p}^2}{2}\right)L(r_L) \tag{6.25}$$

由$R(k)$关于k的一阶条件可得：

$$\frac{\partial R(k)}{\partial k} = -\frac{r^*}{2} - \varsigma + \frac{r^*(r_L - \theta)}{2\sqrt{(r_L - \theta)^2 - 4cr^*(1-k)}} = 0 \tag{6.26}$$

进而求得商业银行内生决定的资本水平为：

$$\hat{k} = 1 - (r_L - \theta)^2 \frac{\varsigma(r^* + \varsigma)}{cr^*(r^* + 2\varsigma)^2} \tag{6.27}$$

在完全竞争市场机制下，由商业银行的利润为零可求得贷款利率为：

$$r_L = \sqrt{\frac{2cr^*(r^* + \varsigma + \theta)(r^* + 2\varsigma)^2}{(r^* + \varsigma)(3r^*\varsigma + r^{*2} + 2\varsigma^2)}} + \theta \tag{6.28}$$

则商业银行内生决定的资本水平为：

$$\hat{k} = \frac{r^*\varsigma + r^{*2} - 2\varsigma\theta}{3r^*\varsigma + r^{*2} + 2\varsigma^2} \tag{6.29}$$

商业银行监督贷款的努力程度为：

$$\hat{p} = \sqrt{\frac{2r^*(r^* + \varsigma + \theta)(r^* + \varsigma)}{c(3r^*\varsigma + r^{*2} + 2\varsigma^2)}} \tag{6.30}$$

求 $\hat{k}$ 关于 r^* 和 θ 的一阶条件可得：

$$\frac{\partial \hat{k}}{\partial r^*} = \frac{2r^{*2}\varsigma + 2\varsigma^3 + 4r^*\varsigma^2 + 6\varsigma^2\theta + 4r^*\varsigma\theta}{(3r^*\varsigma + r^{*2} + 2\varsigma^2)^2} > 0 \tag{6.31}$$

$$\frac{\partial \hat{k}}{\partial \theta} = \frac{-2\varsigma}{3r^*\varsigma + r^{*2} + 2\varsigma^2} < 0 \tag{6.32}$$

即商业银行的资本水平随货币政策利率的增加而增加，随贷款抵押比例的增加而降低。由 $\hat{p}$ 关于 r^* 和 θ 的一阶条件可得 $\frac{\partial \hat{p}}{\partial r^*} > 0$ 和 $\frac{\partial \hat{p}}{\partial \theta} > 0$。由此可得以下结论：

结论7：在完全竞争市场条件下，若商业银行可依据利润的最大化选择资本水平，则商业银行的资本水平随货币政策利率的增加而增加：$\frac{\partial \hat{k}}{\partial r^*} > 0$，随贷款抵押比例的增加而降低：$\frac{\partial \hat{k}}{\partial \theta} < 0$；在最优的资本水平下，商业银行的风险承担随货币政策利率和贷款抵押比例的增加而降低：$\frac{\partial \hat{p}}{\partial r^*} > 0$，$\frac{\partial \hat{p}}{\partial \theta} > 0$。

由结论7可知，宽松的货币政策将使银行的风险承担增加，使银行的资本水平降低，而贷款抵押比例的增加将降低商业银行的资本水平和商业银行的风险承担。

2. 垄断市场情形

接下来探讨在垄断市场情形下，货币政策向银行风险承担的传导。假设银行设定的贷款利率只要未超过贷款利率的上限 r^b，就存在固定的贷款需求 L，当超过上限时贷款需求为 0，这一设定主要是为了便于分析贷款利率不随融资成本变动的情形。在固定无弹性的贷款需求下，垄断银行的最优决策就是设定贷款利率为：$\hat{r}_L = r^b$，由此可得：

$$\hat{p} = \frac{r^b - \theta + \sqrt{(r^b - \theta)^2 - 4cr^*(1-k)}}{2c} \tag{6.33}$$

由此可知：

结论 8：在 $k \in [0, 1]$ 固定和贷款需求无弹性的情形下，$\frac{d\hat{p}}{dr^*} < 0$，即在垄断市场结构下，货币政策利率增加，银行的风险承担也随之增加；在 $k = 1$ 时，$\frac{d\hat{p}}{dr^*} = 0$。

由结论 8 可知，在垄断和需求无弹性的情形下，银行无法通过提高贷款利率转移负债成本的增加，组合配置效应消失，降低了银行在同样成功概率下的收益，进而导致银行监督贷款努力程度的下降，风险承担增加。

类似于在完全竞争的市场条件下，在垄断市场结构下 $\frac{d\hat{p}}{d\theta} < 0$，即银行监督贷款的努力程度随抵押资产价值比的增加而降低。

6.3 我国货币政策传导的实证检验与分析

本部分主要从货币政策传导效应的第一个层次，实证检验风险承担对货币政策的变动是否做出反应。

现有的大多数研究表明，宽松货币政策激励了银行风险承担的增加，但前一节理论模型的推导结果显示，货币政策向银行风险承担的传导，存在以银行的资本水平为门限值的门限特征。因此，本小节构建以银行的资本水平为门限变量的面板门限回归模型，实证检验货币政策向银行风险承担的传导是否存在门限非对称性。

6.3.1 货币政策传导的路径及影响因素分析

货币政策传导的银行风险承担效应，是次贷危机之后货币政策研究的重点和热点问题之一。因此，为进一步夯实货币政策传导的银行风险承担效应的理论基础，本小节对货币政策向银行风险承担传导的路径作以下梳理。

（1）宽松货币政策对"金融加速器"的放大效应。金融加速器效应是指货币政策通过影响银行的风险容忍度，进而改变了银行的杠杆率和资产负债表的风险，从而放大了经济周期的波动（Bernanke and Carey，1996）。同时，宽松货币政策是影响银行风险识别和容忍度的一个重要因素，低利率提高了资产和抵押物的价值，降低了银行对贷款违约率和贷款违约损失率的预期，最终导致银行投资组合中的潜在风险增加和银行资产负债表的扩张。

（2）追逐收益路径。在宽松货币政策环境下，风险资产相对于国债等低风险资产或无风险资产的收益增加，在"替代效应"和"羊群效应"的作用下，投资者对高风险资产的需求增加，对高风险资产需求的增加又进一步推高了高风险资产的价格和收益，拉詹（2006）将其称之为货币政策的"追逐收益"路径。

（3）货币政策的反应函数效应。卡尔佐拉里和第尼克（Calzolari and Denicol，2013）认为，投资者会通过估计货币政策当局的反应函数，预测货币政策未来可能发生的变化，进而影响货币政策的传导和调控效果。投资者一般会预期在经济的不景气周期，货币政策当局会实施宽松性的货币政策，在经济的景气周期或通胀周期则会实施紧缩性的货币政策。通过对货币政策反应函数的预测，投资者会在宽松货币政策或紧缩货币政策实施前，对投资组合中的资产配置做出调整。这一效应称为货币政策的反应函数效应。

货币政策向银行风险承担的传导除受到银行资本水平的影响外，还受到宏观经济状况以及银行其他特征变量的影响。由于数据的可得性，本书对以下影响银行风险承担的因素进行分析。

（1）宏观经济状况。在经济繁荣时期，资产价格上涨，投资收益增加，银行对未来的预期也更乐观，使得银行的风险容忍度和风险承担意愿趋于增加。即宏观经济状况的变化会影响银行的风险承担，且在繁荣时期银行愿意承担更大的风险，在不景气时期则相反。德里斯和库雷塔斯（Delis and Kouretas，2011）对欧洲国家的银行样本数据的研究显示，宏观经济的繁荣会增加银行的风险容忍程度和对未来的乐观态度，从而增加了银行的风险承担。为研究宏观经济状况对银行风险承担的影响，选择宏观经济状况最具代表性的变量 GDP 的增长率，作为影响银行风险承担的宏观经济变量。

（2）银行资产的流动性。流动性风险是除市场风险和信用风险之外，银行面临的另一主要风险，而银行流动性资产的比例反映了银行应对流动性风险的能力。穆萨（Mussa，2010）应用美国部分银行的季度数据研究显示，在其他因素相同的条件下，银行资产的流动性越强，其承担的流动性风险就越低。银行资产流动性的强弱也是衡量银行风险暴露的一个重要指标，因为流动性短缺是信贷危机爆发的一个重要诱发因素。

（3）银行的贷款规模。银行的贷款规模除了能够作为银行规模效应的替代变量外，贷款余额增长的变化还是银行向市场提供贷款的能力和意愿的反映。

（4）银行资本水平。银行资本水平对银行风险承担存在两种影响：一是高资本水平可能会降低银行的道德风险；二是从相反的角度看，资本水平是银行风险资产规模的重要决定因素。由于可得样本量的限制，本章以银行的资本债务水平作为银行资本水平的替代变量。

（5）银行效率。在同等条件下，银行的效率越高，说明该银行具有更高效的内部管理体制，对贷款监督的努力程度和效率就越高，银行承担的风险就越低，因此，银行的效率可能与银行的风险承担存在负向关联性。本章以资本平均净报酬率作为银行效率的替代变量。但需要注意的是，银行资本平均报酬率的增加也可能隐含银行投资了更多高风险高回报的资产。

对于银行风险承担指标的选择，现有相关研究主要以预期违约概率（EDF）、不良贷款率、Z 值等作为银行风险承担的风险指标。虽然预期违约概率能较好地反映银行的风险承担，但由于我国上市银行的数目和数据年限有限，无法获得足够多的样本数据用于实证检验。另外，我国银行业自 2003 年改革以来，监管部门严格监控银行业的不良贷款率，并要求对贷款依据五类分级进行分级，使得我国的商业银行较为重视不良贷款率，再加上五类分级操作空间较大，使得不良贷款率并不能充分反映银行暴露的风险以及银行风险承担的意愿。本章借鉴莱温和莱文（Laeven and Levine，2009）的方法，选择 Z 值作为风险承担的指标，将表示银行风险 Z 的值定义如下：

$$Z_{it} = \frac{D_i(ROA_{it})}{ROA_{it} + CAR_{it}} \qquad (6.34)$$

其中，$D_i(ROA_{it})$ 表示资产回报率的标准差，ROA_{it} 表示资产回报率，CAR_{it} 表示资本资产比率。Z 值通常用来衡量银行破产的概率，这是因为若将破产概率定义为资不抵债，即股东权益与净利润之和小于零，则破产风险的概率可表示为：$P(-ROA < CAR)$，当利润服从正态分布时，破产概率可表示为：$D(ROA)/(ROA + CAR)$，Z 值越大破产风险越大，因此，可选择 Z 值作为银行风险承担的指标。

6.3.2 数据说明与平稳性检验

本章选择 61~90 天银行间月度同业拆借利率的加权平均值为年度数据，并以此年度数据减去年度通货膨胀率作为货币政策的中介目标变量。为避免以银行间拆借利率作为货币政策唯一替代变量所可能造成的偏误，本章以依据泰勒利率规则计算得到的规则利率与实际利率之差作为货币政策的另一替代变量。其中，在计算泰勒规则利率时，我们以 H–P 滤波方法得到 GDP 增长率的长期趋势项和随机波动项，并以随机波动项作为产出缺口；参照邢毓静等（2009）的研究，选取长期均衡利率为 1%，目标通货膨胀率为 2%，并以 CPI 对 2% 目标通货膨胀率的偏离作为通货膨胀缺口的替代变量。依据卞志村（2006）的研究显示，预期通胀缺口与产出缺口之间存在协整关系，且利率对通胀缺口的调整系数为 0.5113，遂将产出缺口和通货膨胀缺口的权重均设定为 0.5。本书采用面板门限回归（PTR）模型进行回归分析，选择四大国有银行、股份制银行和部分数据较齐全且规模较大的城市商业银行共 20 家商业银行作为样本，样本区间为 2000~2012 年，检验货币政策对银行风险承担的影响是否存在非对称效应。数据来源于中经网统计数据库和 Bankscope 数据库。

与一般时间序列模型相似，为避免虚假回归，面板门限回归模型也要求面板数据必须满足平稳性要求。因此，在对模型做回归分析之前，需对面板时间序列数据做单位根检验。检验方法采用艾米等（Im et al. , 2003）的 IPS 检验，检验结果见表 6-1。从表 6-1 可以看出，在 1% 的显著性水平下，面板数据序列均满足平稳性的要求，因此，无须对面板数据做进一步的协整检验。

表 6-1　　　　　　　　面板数据序列的单位根检验

变量	变量解释	IPS 检验 Wt - bar
Dz	z 值的变化值	- 5. 759 *** （0. 000）
z	z 值	- 2. 597 *** （0. 005）
dliquity	流动性资产增长率的变化值	- 3. 945 *** （0. 000）
Dloan	贷款增长率的变动	- 6. 038 *** （0. 000）
Deffi	资产平均净报酬率	- 5. 117 *** （0. 000）
EL	资本债务比率	- 3. 038 *** （0. 001）

注：*** 表示序列在 1% 的显著性水平下显著。

6.3.3　实证模型构建与结果分析

依据理论模型的推导结果，货币政策向银行风险承担的传导，存在以银行的资本水平为门限的门限非对称性。因此，本书借鉴汉森和萨金特（Hansen and Sargent，2000）的方法，构建以下形式的面板门限回归（PTR）模型，实证检验货币政策向银行风险承担的传导是否存在门限非对称性：

$$Dz_{it} = \alpha(Dloan_{it},\ Liquity_{it},\ Deffi_{it},\ gdp_t)' + \beta_1 Rrate_t I(\gamma_{it} \leq c)$$
$$+ \beta_2 Rrate_t I(\gamma_{it} > c) \tag{6.35}$$

其中，α 为解释变量的参数向量，（$Dloan_{it}$，$Liquity_{it}$，$Deffi_{it}$，$Dgdp_{it}$）为 PTR 模型线性部分的解释变量，$Rrate_t$ 为货币政策变量，$I(\gamma_{it} \leq c)$ 表示当 $\gamma_{it} \leq c$ 时取值为 1，否则取值为 0；$I(\gamma_{it} > c)$ 表示 $\gamma_{it} > c$ 时取值为 1，否则取值为 0。γ_{it} 为 PTR 模型的门限变量，c 为门限变量的门限值。依据 Hansen 求解门限模型的方法，将门限变量的每一个值带入模型，使残差平方和最小的那个 c 值作为 PTR 模型的门限值，即 $\hat{c} = \arg \min S(c)$，其中，$S(c)$ 为残差平方和。由于门限效应显著性的检验，在原假设成立时无法获得门限效应的估计值，需采用自助抽样方法获得统计量的渐进 P 值。同时，本章采用极大似然 LR 统计量，检验所获得的 c 值是否为真实门限值的一致估计量，当

$$\text{LR}(c) \leqslant -2\lg(1 - \sqrt{1 - \alpha})$$

时，接受门限值的估计值为真实值的原假设，α 为显著性水平。

现以 z 值的变化值为银行风险承担的替代变量，检验货币政策向银行风险承担的传导是否存在门限非对称性，检验结果见表 6 - 2 和表 6 - 3。

表 6 - 2　　　　　　　　门限特征的检验结果

货币政策替代变量	门限变量	门限值	残差平方	F 统计量	P 值	LR 值
Rrate	EL	7.95	3.16	44.81	0.000	7.35
Tailor_r	EL	7.95	3.18	41.43	0.000	7.35

表 6 - 3　　　　　　　　全部样本的门限回归估计结果

实际利率变动为货币政策的替代变量			泰勒规则利率偏差为货币政策的替代变量		
解释变量	估计参数	稳健标准差	解释变量	估计参数	稳健标准差
Dloan	- 0.002	0.014	Dloan	0.003	0.014
Liquity	0.081 **	0.033	Liquity	0.076 **	0.033
Deffi	0.021	0.029	Deffi	0.018	0.029
gdp	0.522 **	0.154	Lgdp	0.433 ***	0.168
Rrate(EL≤7.95)	0.071	0.092	Tailor_r(EL≤7.95)	- 0.007	0.038
Rrate(EL≤7.95)	- 2.41 ***	0.631	Tailor_r(EL≤7.95)	- 0.823 ***	0.238

注：**、*** 分别表示在 5% 和 1% 的显著性水平下显著。

检验结果显示，以实际利率变动和泰勒规则利率偏差为货币政策替代变量的检验结果显示，货币政策向银行风险承担的传导，存在显著的以银行资本水平为门限转换变量的门限特征，所估计得到的门限值为门限值的一致估计量，且门限值接近于监管部门要求的资本充足率水平（8%）。当银行的资本水平低于门限值时，高利率将引发银行风险承担水平的增加；当银行的资本水平高于门限值时，高利率会降低银行的风险承担。上述实证结果与理论模型的推导结果相一致。以实际利率变动为货币政策的替代变量时，银行资本水平高于 7.95 时，实际利率的参数为 - 2.41，且在 1% 的显著性水平下显著，这与张雪兰和何德旭（2012）、牛晓健和裘翔（2013）等学者的研究结论一致，即宽松货币政策将增加银行的风险承担；当银行的资本水平低于7.95时，实际利率的参数值为0.071，但不显著。以泰勒规则利率偏差为货币政策的替代变量时，银行的资本水平高于7.95时，泰勒规则利率偏差的参数值为 -0.823，在1%的显著性水平下显著；银行的资本水平低于7.95时，泰勒规则利率偏差的参数值为 -0.007，但不显著。在银行的资本水平高于门限值时，宽松货币政策对银行风险承担的影响，可由金融加速器效应来给予解释，即货币政策通过影响银行的风险容忍度，进而改变了银行的杠杆率和资产负债表的风险，从而放大了经济周期的波动（Bernanke and Carey，1996）。宽松货币政策是影响银行风险识别和容忍度的一个重要因素，低利率提高了资产和抵押物的价值，降低了银行对贷款违约率和贷款违约损失率的预期，最终导致银行投资组合中的潜在风险增加；低利率还会引致贷款利率下降，银行贷款资产的收益较少，进而导致银行监督贷款资产的努力程度下降，风险承担增加，这与戴尔·阿里西亚和马奎兹（2010）、方意等（2012）的研究结论一致。在银行的资本水平较高时，银行有能力提高银行的风险承担，而较少受到监管部门的约束。

在分析银行的特征变量对银行风险承担的影响时，无论是以实际利率变动为货币政策的替代变量，还是以泰勒规则利率偏差为货币政策的替代变量，银行的流动性资产变化与风险承担存在显著的正向关联性，这是因为银行的流动性增加，银行更有能力承担风险的增加，而不必受到监管部门的更多约束，银行为获得较高的利润，可能会增加收益更高的风险资产。银行的效率与风险承担之间不存在显著的关联性。贷款增长率的变化与银行的风险承担不存在显著的关联性，这是因为银行业是我国金融体系的核心，快速增长的实体经济，使得新增贷款大幅增加，也使得新增高风险资产相对于快速增加的贷款余额显得甚微，因此，贷款增速变动与银行的风险承担未呈现出显著的关联性。

已有的研究对银行风险承担与银行规模的关系还未得出一致的结论，且对于同质银行的特征变量，如银行资本水平、银行资产的流动性等，在同一监管指标和政策环境下往往具有趋同的趋势。因此，为进一步检验模型的稳健性，以及中型银行所具有的风险承担效应的特征，现将规模较大的四大国有银行从样本中剔除。通过剔除规模较大的国有银行，以此检验样本中银行规模的变化是否会对银行的风险承担效应造成影响。实证检验结果见表 6-4 和表 6-5。从门限效应的检验结果表 6-4 可看出，在剔除较大规模的国有银行样本后，所估计得到的门限值为门限值的一致估计量，实际利率变动和泰勒规则利率偏差向股份制银行和城市商业银行风险承担的传导具有显著的门限特征。

表 6-4 　　　　　　　　剔除国有银行样本后的门限特征检验

货币政策替代变量	门限变量	门限值	残差平方	F 统计量	P 值	LR 值
Rrate	EL	7.94	3.29	48.39	0.000	7.35
tailor_r	EL	7.94	3.31	45.16	0.000	7.35

表 6-5 　　　　　　　　剔除国有银行样本后的门限回归结果

实际利率变动为货币政策的替代变量			泰勒规则利率偏差为货币政策的替代变量		
解释变量	估计参数	稳健标准差	解释变量	估计参数	稳健标准差
Dloan	0.000	0.015	Dloan	0.006	0.015
Liquity	0.084 **	0.035	Liquity	0.079 **	0.035
Deffi	0.049	0.033	Deffi	0.046	0.033
gdp	0.563 ***	0.186	Lgdp	0.485 **	0.205
Rrate(EL≤7.94)	0.119	0.109	tailor_r(EL≤7.94)	0.009	0.045
Rrate(EL≤7.94)	-2.697 ***	0.657	tailor_r(EL≤7.94)	-0.927 ***	0.255

注：** 、 *** 分别表示在 5% 和 1% 的显著性水平下显著。

从表 6-5 可以看出，剔除较大规模的国有银行样本后，当银行的资本水平大于门限值时，以实际利率变动为货币政策的替代变量时，在 1% 的显著性水平下，货币政策与银行风险承担存在显著的负向关联性，即低利率会使银行的风险承担增加；以泰勒规则利率偏差为货币政策的替代变量时，两者在 1% 的显著性水平下存在显著的关联性，这与张雪兰和何德旭（2012）、牛晓健和裘翔（2013）的结论一致；当银行的资本水平小于门限值时，利率降低银行的风险承担水平降低，而泰勒规则利率的偏差增大，银行的风险承担增加，这与戴蒙德和拉詹（Diamond and Rajan，2009）和阿尔通巴什等（Altunbas et al.，2011）的实证结论基本一致，但本章的实证检验显示两者存在的正向关联性不显著，这可能是因为当银行的资本水平低于门限值，银行收到的监管增加，银行的风险承担与货币政策的关联性减弱。与剔除国有银行样本的估计结果相比，全部样本估计得到的利率系数的绝对值变小，这表明规模越大的银行，其抵消货币政策冲击的能力越强，风险承担对货币政策的反应越弱，这与布赫等（2011）、王耀青和金洪飞（2014）的结论一致。

商业银行是我国金融体系的核心，商业银行与宏观经济存在紧密的关联性。全部样本的估计结果和剔除国有银行样本后的估计结果均显示，GDP 增长率的变动与银行风险承担具有显著的正向关联性，即银行的风险承担效应具有亲周期性。这是因为经济的增长增加了银行对未来投资的预期收益，银行对风险管理的容忍度趋于增加，体现了银行风险承担的顺周期性，且在 5% 的显著性水平下显著。剔除国有银行样本后，经济增长率的变动对银行风险承担的影响增加，这是因为股份制银行和城市商业银行的规模较小，规避宏观经济波动对银行风险承担影响的能力较弱。剔除国有银行样本后，银行流动性资产的变动对银行风险承担的影响增加，这是因为股份制银行更有积极性将收益较低的流动性资产，转变为收益较高的风险资产，这与经济学理论相一致。

从以上实证分析可以看出，货币政策调整以银行资本水平为门限转换变量，向银行风险承担的传导存在显著的非对称性：在门限值的两边，实际利率和泰勒规则利率变动向银行风险承担的传导存在非对称性，且高资本充足率和股份制银行的风险承担行为对利率更为敏感。

6.4 风险承担对信贷余额影响的实证检验

接下来将从货币政策传导效应的第二个层次，实证检验信贷余额对风险承担水平的变动是否做出反应。为从第二个层次检验信贷余额是否对银行风险承担的变动做出反应，实证分析使用模型如下：

$$Dloan_{i,t} = \alpha_1 L(Dloan_{i,t}) + \alpha_2 f(Z_{i,t}) + \alpha_3 Deffi_{it} + \alpha_4 Lgdp_{i,t}$$
$$+ \alpha_5 Lgdp_{i,t-1} + \alpha_6 EL_{i,t} + \varepsilon_{i,t} \tag{6.36}$$

式（6.36）中，考虑到银行信贷余额变化具有明显的滞后性，遂将信贷余额的滞后项作为信贷余额变化的一个解释变量。其中，L（$\mathrm{Dloan}_{i,t}$）表示 $\mathrm{Dloan}_{i,t}$ 的滞后项函数，f（$Z_{i,t}$）表示 $Z_{i,t}$ 的变化函数。由于 DSGMM（difference and system gMM）具有较好的有限样本性质，是解决内生性问题较为有效的方法，因此，本章采用 DSGMM 估计方法进行检验。DSGMM 方法的有效性依赖于残差项不存在序列相关，以及所选取工具变量的有效性，且由于 DSGMM 的两步法估计可能会提高参数的显著性，因此，我们选择 DSGMM 两步法和一步法分别进行估计，以检验参数估计结果的稳定性。接下来对模型进行估计，估计结果如表 6 - 6 所示。

表 6 - 6 风险承担变化对信贷余额的影响

项目	全部样本		股份制银行样本	
解释变量	参数（两步）	参数（一步）	参数（两步）	参数（一步）
$\mathrm{Dloan}_{i,t-1}$	- 0. 268 ***	- 0. 292 ***	- 0. 595 ***	- 0. 624 ***
$\mathrm{Dloan}_{i,t-2}$	—	—	- 0. 489 ***	- 0. 442 ***
$\mathrm{Dloan}_{i,t-3}$	—	—	- 0. 435 ***	- 0. 245 **
$\mathrm{Dloan}_{i,t-4}$	—	—	- 0. 301 ***	—
$z_{i,t}$	- 1. 110 ***	—	- 2. 538 ***	—
$\mathrm{Dz}_{i,t}$	—	- 0. 542 *	—	- 0. 806 **
$\mathrm{Deffi}_{i,t}$	0. 838 ***	1. 073 ***	0. 347	0. 699 **
Lgdp_t	- 0. 733 ***	- 0. 215	- 1. 726 ***	- 0. 901
Lgdp_{t-1}	1. 287 ***	1. 165 **	0. 351	0. 156
$\mathrm{EL}_{i,t}$	3. 903 ***	1. 280 *	7. 856 ***	2. 338 ***
AR(1)	0. 00	0. 00	0. 02	0. 00
AR(2)	0. 96	0. 94	0. 91	0. 90
Hansen test	0. 99		0. 97	

注：*、**、*** 分别表示在 10%、5% 和 1% 的显著性水平下显著。

对模型残差项自相关性的检验结果显示，DSGMM 估计的扰动项不存在一阶和二阶自相关；两步法估计时，过度识别检验的结果显示，所选择的工具变量（EL（-3）、Lgdp（-3）、Dloan（-4））均为有效工具变量。为了分析样本的变化是否影响结果的稳定性，分别对全部样本和剔除国有银行后的样本进行估计，模型参数的估计结果均表明：风险承担水平对信贷余额存在显著的负向影响，这是因为我国银行受到较严厉的监管，银行风险承担增加将使银行受到监管部门更多的约束，信贷供给减少。这显示出风险承担增加对银行信贷供给能力的约束，由此引发的金融机构信贷供给减少也将对实体经济的运行造成影响。当银行的资本水平低于门限值时，货币政策对银行的风险承担行为不存在显著的影响，即货币政策通过风险承担渠道对信贷余额不存在显著的影响，这是因为银行的资本水平低于门限值时，银行的行为受到监管部门的约束增强，从而减弱了货币政策与银行风险承担行为的关联性，显著性减弱。当银行的资本水平高于门限值时，紧缩货币政策通过风险承担渠道将会增加信贷余额，这与德里斯和库雷塔斯（2010）、金鹏辉等（2014）的结论基本一致，这是由于利率增加将会引致银行的贷款利率增加，银行贷款资产的收益增加，在银行增强对贷款监督的同时，较高的资本水平和投资收益将激励银行增加信贷供给以获得更大的收益。本部分的实证结果还显示，在样本期内，股份制银行的信贷供给受货币政策通过风险承担渠道的影响较大，说明股份制银行应对货币政策冲击和资本监管的途径和方法较少（冯科和何理，2011）。其他解释变量参数的估计值也都基本符合经济学意义，如资产平均净报酬率与信贷余额存在正向关联性，即表示资产平均净报酬率越高，银行将有更大的积极性进行放贷，从而两者呈现出正向关联性。

结合本书第3章的实证检验结论，信贷余额变化是引发实际产出和通货膨胀波动的重要因素，由此可得出在货币政策传统的传导渠道之外，我国货币政策的传导存在银行风险承担渠道，即货币政策通过影响银行的风险承担水平进而影响银行的信贷供给，并最终影响实体经济。

6.5　对宏观审慎政策的启示

上述实证结果，表明了银行的风险承担如何受货币政策调整的影响，并进而影响信贷余额，这些结果对科学的分析货币政策的效应及其产生的内在机理具有重要意义，也对我国宏观审慎政策的制定和实施给予了重要的启示。

在次贷危机前，多数国家施行通货膨胀目标制的货币政策，但货币政策对金融稳定非中性，货币政策会影响到银行风险承担的变化，仅仅以维护物价稳定为目标已满足不了宏观审慎政策的要求。次贷危机后，宏观审慎政策受到学者和中央银行越来越高的关注。因此，如何协调宏观审慎政策与货币政策很是值得探讨。为此，首先回顾本章实证分析中货币政策对银行风险承担的影响。货币政策对银行风险承担的影响，存在以银行的资本水平为门限变量的门限非对称效应，当银行的资本水平低于门限水平时，紧缩性货币政策使银行的风险承担水平增加，当银行的资本水平高于门限水平时则相反。以上实证结果对分析货币政策如何通过风险承担渠道影响信贷余额，并最终影响实体经济具有重要的意义。货币政策改变了银行的风险承担水平，促使银行调整其投资、信贷和资产组合的策略，从而对企业、居民以及金融市场的行为产生影响。当经济过热和银行的资本水平低于门限值时，中央银行实施紧缩性的货币政策，虽然可通过风险承担渠道减少信贷供给，但会使银行的融资成本增加，商业银行为了获得与宽松货币政策时同等的利润，银行的风险转移效应增强，使得那些原先不符合贷款要求的企业和个人获得贷款，在信息不对称的条件下，不可避免的将引发银行与贷款客户之间的逆向选择和道德风险。由于我国利率还没有完全实现市场化，银行和贷款客户之间不能完全按照市场供求确定贷款利率和贷款的供给额，这增加了我国货币政策调控效果的不确定性。当银行资本水平高于门限值时，由于金融加速器效应，低利率将会增加银行的风险容忍度和感知程度，低利率还提高了资产和抵押物的价值，降低了银行对贷款违约率和贷款违约损失率的预期，最终导致银行投资组合中的潜在风险增加，但低利率通过风险承担使信贷供给显著减少，这与货币政策当局试图通过降低利率增加信贷供给的初衷相违背；低利率还会降低银行贷款资产的收益，从而降低银行管理资产的水平。随着银行风险承担水平的增加，可能会引发银行业的风险积聚和系统性风险，进而危机实体经济的稳定，这也是次贷危机后，货币政策传导的风险承担渠道受到关注的一个重要原因。

本章对宏观审慎货币政策的政策意涵在于，宏观审慎政策与货币政策是互补还是替代关系，取决于货币政策的方向和银行的资本水平。当银行的资本水平低于门限值时，利用紧缩性货币政策来对付通货膨胀，或当银行的资本水平高于门限值时，利用宽松性货币政策刺激经济增长，都可能会使银行的风险承担增加信贷供给减少，从而导致宏观经济的不稳定。考虑到资本水平不同的银行在货币政策通过风险承担渠道对信贷供给影响方面的差异，货币当局与监管当局应加强沟通协调，监管部门应配合货币政策对资本水平不同的银行实行差别化的审慎监管，这既能达到货币政策宏观调控的预期效果，又能避免实施单一的价格型货币政策工具造成过度的银行风险承担。

6.6 本 章 小 结

2007 年爆发的次贷危机向实体经济的蔓延并最终形成全球性经济危机的过程中，人们充分见识到了因货币政策调整而累积的银行风险承担对实体经济造成的破坏性影响，学者也由此意识到传统宏观经济理论和模型的不足。尽管我国近几年并未发生货币政策通过风险承担渠道对实体经济造成巨大的破坏，而引发经济危机，其中一个重要的原因就是国家对金融机构近乎苛刻的管制和隐性信用担保。但随着我国利率市场化的不断推进和银行的商业化改革，原有的补贴会逐步退出，隐性信用担保也将被存款保险制度所替代，这也意味着我国的金融机构未来将存在破产的可能，原来被隐藏的货币政策通过风险承担渠道对实体经济的影响也将暴露出来。在该背景下，本章通过放松已有理论模型的约束条件，将存款保险制度、贷款抵押制度和市场结构引入理论模型，使之更符合我国商业银行的特征，进而从理论层面以及应用 PTR 模型从实证层面研究了我国货币政策通过风险承担渠道对银行信贷余额产生的影响。本章的主要结论如下。

理论模型的推导结果显示，货币政策以银行的资本水平为门限变量，向银行风险承担的传导存在门限非对称性：当银行的资本水平 k 大于某一资本水平 k_0 时，紧缩性的货币政策会使银行监督贷款的努力程度增加，银行的风险承担随利率的增加而降低；当 k 小于资本水平 k_0 时，紧缩性的货币政策使银行监管贷款的努力程度降低，银行的风险承担随利率的增加而增加。在完全竞争市场结构的假设下，银行监督贷款的努力程度随利率的提高而增加，但在垄断市场结构的假设下，银行的风险承担随利率的增加而增加。本书的实证结果与理论模型的推导结果相一致，货币政策调整向银行风险承担的传导存在以银行的资本水平为门限的非对称性，这与方意等（2012）、江曙霞和陈玉婵（2012）的结论一致，且较高资本充足率银行的风险承担行为对利率更为敏感：当银行的资本水平高于门限值时，实际利率和泰勒规则利率偏差降低，银行的风险承担增加，即相较于银行的风险转移效应，银行的组合配置效应在宽松货币政策时占主导，这与张雪兰和何德旭（2012）的实证检验结果相一致；当银行资本水平低于门限值时，货币政策与银行风险承担的关联性转变为正向，但不显著，这与方意等（2012）所得出的结论基本一致。基于 DSGMM 方法的估计结果显示，银行风险承担水平对信贷余额存在显著的负向影响，这也使得货币政策通过风险承担渠道对银行信贷余额的效应存在非对称性，且较高的银行资本水平要求，将强化货币政策通过风险承担渠道对信贷余额的影响。本部分的实证结果还显示，我国的银行并不符合古典经济学中企业作为同质生产者的假设，不同类型的银行对货币政策的冲击呈现出异质性反应，在样本期内，股份制银行的信贷供给受货币政策通过风险承担渠道的影响较大。由此可知，我国货币政策在传统的传导渠道之外，还存在货币政策传导的风险承担渠道（张雪兰和何德旭，2012）。

　　本章的研究可作为货币政策通过风险承担渠道影响我国实体经济的证据，其现实意义与理论价值在于，在过去相当长的一段时期，学者往往习惯认为金融机构只是提供了一个资金融通的渠道并遵循 MM 定理（Modigliani – Miller 定理），即实体经济不受金融机构变动的影响，即使在伯南克等（1996，1999）提出"金融加速器"理论之后，学者也只是认为实体经济与金融机构不是"二分"的，并没有考虑由货币政策引致的金融机构变动（风险承担增加）对实体经济产生的影响，在本书第 2 章证实信贷余额是我国经济波动的一个重要影响因素后，本章对货币政策通过风险承担渠道对信贷余额效应的研究，弥补了以往研究的不足，也为将宏观审慎管理引入货币政策管理框架，制定和实施适合我国实际的宏观审慎政策提供了理论和实证支持。当银行的资本水平高于门限值时，试图通过降低利率刺激经济增长，将会使银行的风险承担增加，且低利率通过风险承担渠道对信贷供给存在负向冲击，而当银行的资本水平低于门限值时，货币政策与银行风险承担的正向关联性不显著。这就要求中央银行在制定货币政策时，需要考虑具有不同资本水平的银行对货币政策的影响存在类似"门限"的效应，较高的银行资本水平要求将强化货币政策通过风险承担渠道对信贷供给的影响。因此，在中央银行有效实施货币政策调控宏观经济的基础上，应赋予中央银行调节银行资本水平的手段，这是因为银行资本水平的变动会改变货币政策风险承担渠道的作用机制，进而影响货币政策的宏观调控成效。但这种调节不是一味地逆周期资本调节或顺周期资本调节，而是依据不同资本水平下货币政策通过风险承担渠道对信贷供给影响的差异调节资本，以抵消货币政策通过风险承担渠道对实体经济带来的副作用。这也使得仅仅依赖宽松货币政策刺激经济增长已不能满足宏观审慎政策的要求，应关注宽松性货币政策可能带来的银行风险承担增加，以及银行风险承担增加给信贷供给能力造成的不利冲击，为随后宏观经济稳定和复苏埋下的隐患，这也是次贷危机给予我们的一个深刻教训。

第 7 章

基于不同中介目标的我国货币政策效应的
比较研究

　　由于我国还是一个处于转型期的发展中国家，中央银行为增强货币政策宏观调控的有效性，可能综合使用利率和货币供给量等经济变量，作为我国货币政策的中介目标对经济进行微调，且经济结构的不断变化势必影响经济变量之间的关系，使得不同中介目标的效应始终存在着争议，这是未曾得到有效解决的极为重要的问题。基于此，本章选择利率和货币供给量作为中介目标，检验货币对经济产生影响的途径，并比较分析不同中介目标效应的有效性、强度和持续时间的差异，以此判断货币政策不同中介目标的宏观调控成效①。本章是对前文研究的进一步深入与拓展。

　　本章研究的特点表现在以下两个方面。一是在动态随机一般均衡（DSGE）模型框架下，由家庭和企业的最优化问题得到由前瞻后顾性的动态 IS 曲线、货币需求曲线以及双价格粘性的新凯恩斯菲利普斯曲线组成的一般均衡模型系统，检验货币对经济产生影响的途径，考察利率和货币供给量对总产出和价格水平产生的影响。由该动态随机一般均衡模型，推导出的含有产出和通胀内生持续（前瞻后顾）的一般均衡模型系统，将用于宏观经济分析的模型系统推广到了更一般的形式，具有坚实的微观基础，避免了模型结构设定和变量选择的随意性。二是为更直观的检验一般均衡模型系统估计结

---

　　①　由于我国中央银行 1998 年已宣布放弃将信贷规模作为货币政策的中介目标，以及我国的汇率形成机制还很不完善，因此，本章未将这两个经济变量作为我国货币政策的中介目标进行检验。

果的稳健性，以及比较不同中介目标效应的差异，将利率、货币供给量、产出和价格水平同时纳入构建的 HTVPVAR 模型进行检验分析。该模型充分考虑了我国经济可能存在的结构性变化、非预期冲击带来的异方差性，以及货币政策的效应在不同经济状态下可能存在差异。本章利用我国 1998 年 7 月 ~ 2013 年 10 月的数据，通过对上述模型的实证检验显示，随着我国利率市场化的不断推进，我国货币存在利率渠道效应，且利率对于宏观经济的影响和调控作用渐趋凸显，相较于数量型货币政策，价格型货币政策的效应较稳定，但在不同经济状态下存在一定的差异。

7.1 引　　言

货币政策是中央银行通过中介目标调控经济增长和物价稳定目标的重要政策工具。在货币政策的实践中，中央银行为增强货币政策宏观调控的有效性，可能综合使用利率和货币供给量作为货币政策的中介目标对经济进行微调（Zhang, 2009）。由于利率和货币供给具有一定的内生性，其与最终目标变量间的关系存在一定的不确定性，特别是在中国不断推进利率市场化改革的背景下，准确量化货币政策不同中介目标的效应是一件困难的事情，而此问题的解决对货币政策的制定和执行具有重要现实意义，正因如此，这一问题受到了学者和货币政策当局广泛的关注。

中央银行通过中介目标控制货币政策的方向和强度，防止货币政策调控过度、不足或反向。凯恩斯主义者认为，货币政策首先通过影响利率变动，进而引起社会总支出的变动，因而利率是影响社会总需求变动的重要因素。价格型货币政策（利率）通过影响经济个体的行为、市场预期和资产价格，进一步通过资产负债表效应、财富效应等影响企业投资和家庭消费。相较于数量型货币政策，价格型货币政策的优势在于能够更好的向市场传递政策信息（透明性）以及调控通货膨胀（紧缩性）。货币政策实践表明，在较为成熟和发达的金融市场中，利率能够反映资金的价格，可以将其作为宏观层面与微观层面的纽带，而随着金融市场的发展，货币供给量与货币政策最终目标间的关联性趋于下降，且以货币供给量作为中介目标，还存在难于解决的理论问题和识别问题。因此，相较于货币供给量，利率更适宜作为货币政策的中介目标。

中国人民银行 1996 年宣布将 M_1 作为货币政策的中介目标，而随着中国金融市场的发展以及利率市场化改革的不断推进，货币政策当局已意识到将 M_1 作为货币政策中介目标的局限性，但是否意味着中国已具备将利率作为货币政策中介目标的条件？学者对此并没有达成共识。事实上，近年来学者纷纷呼吁加快利率市场化进程，主张中央银行应更多、更灵活的运用价格型货币政策调控宏观经济。争议背后隐含的问题在于，价格型货币政策是否已具有与数量型货币政策同等甚至更大的效应？货币政策调控模式转变的条件是否已经成熟？现阶段随着我国利率市场化的推进，更需要厘清利率是否比货币供给量 M_1 更适合作为我国货币政策的中介目标。

对于货币政策不同中介目标的效应学者还未得出一致的结论。一些学者的研究结论支持将利率作为货币政策的中介目标：胡志鹏（2012）基于系统方程的实证检验显示，数量型货币政策的调控效果已难以保证，中国的货币政策过渡到价格型调控没事的条件已经成熟。戴金平和陈汉鹏（2013）认为，即使在利率未实现市场化的条件下，我国利率的传导渠道是通畅的，中央银行通过银行间拆借利率对宏观经济的调控是有效的。任杰（2013）基于拓展的普尔分析显示，相较于货币供应量，利率作为中介目标具有明显优势。蔡彤娟等（2014）基于 SVAR 模型的实证分析显示，随着中国利率市场化改革的推进，以及广义货币供给量可控性的降低，利率作为我国货币政策中介目标的条件在不断成熟。陈小亮等（2016）应用 SVAR 模型基于金融创新视角的研究显示，货币供给已不适合作为货币政策的中介目标，应培育以银行间拆借利率为核心的价格型中介目标。然而，一些学者对此议题的研究却得出了不同甚至是相反的结论，认为应继续选择货币供应量作为货币政策的中介目标（王璐和瞿楠，2016）。如蒋瑛琨等（2005）运用协整检验、VAR 模型等方法进行实证分析后认为，货币供给量 M_1 对实际产出和通货膨胀存在显著的影响。刘金全和刘兆波（2008）基于 SVAR 模型的检验结果显示，货币中介目标的效应依赖于经济周期的具体阶段，并在经济周期的不同阶段和政策目标下，货币政策当局选择的中介目标存在转变。吕光明（2012）通过施加约束的 SVAR 模型的 Cholesky 分解显示，数量型中介目标的效应强于价格型中介目标，且货币政策对产出波动的影响要小于对价格波动的影响。以往文献比较研究货币政策不同中介目标的效应，多在 VAR 模型或 SVAR 模型框架下进行。由于研究方法、样本区间选择或方法处理技术的差异，学者得出的结论存在较大差异。上述传统方法还将经济结构视为一个黑箱，缺乏微观基础。因此，在构建实证检验模型时，应避免模型结构设定和变量选择的随意性。

与已有文献相比，本书具有以下几个方面特点：（1）本文在 DSGE 模型框架下，由家庭和企业的最优化问题得到由前瞻后顾的动态 IS 曲线、双价格粘性的新凯恩斯菲利普斯曲线、货币需求曲线和含有政策延续性的泰勒规则组成的一般均衡模型系统，进而将胡志鹏（2012）用于货币政策中介目标选择分析的模型系统推广到了更一般的形式，从而确保了宏观分析与微观分析的一致性；本书构建的模型能够检验货币供给冲击和利率冲击，对总产出和价格水平的脉冲响应、方差分解和历史拆解，对探讨利率是否较货币供给更适宜作为货币政策的中介目标提供了一个新视角。（2）本书引入货币供给冲击和利率冲击等 4 个外生冲击，以总产出、通货膨胀、货币供给和银行间拆借利率为观测变量，并应用贝叶斯方法估计模型参数提高了模型对数据的匹配程度，弥补了采用校准给参数赋值带来的不足。在当前货币需求和流动性不稳定，以及推进利率市场化的背景下，明确货币政策的中介目标，不仅有利于提高货币政策的透明度和宏观调控成效，对转变货币政策调控模式也具有重要理论和现实意义。

7.2　动态随机一般均衡模型的构建与求解

本书以动态随机一般均衡模型为理论框架，通过求解家庭部门和企业部门的一阶条件，进而推导得到由前瞻后顾性的动态 IS 曲线、双价格粘性的新凯恩斯菲利普斯曲线和货币需求曲线组成的一般均衡模型系统。

7.2.1　家庭部门

福赫勒（Fuhrer，2000）的研究认为，将产出的滞后项引入模型能够增强模型的稳定性。为将产出的滞后项引入预构建的动态 IS 曲线、新凯恩斯菲利普斯曲线和货币需求曲线，现将消费者的消费惯性引入效用函数。家庭效用最大化的目标函数为：

$$\sum_{t=1}^{\infty} \beta^t E\left[\frac{1}{1-\sigma^c}(C_t - hC_{t-1})^{1-\sigma^c} + \frac{\eta}{1-\sigma^m}M_t^{1-\sigma^m} - \frac{\varphi}{1+\sigma^l}N_t^{1+\sigma^l}\right] \quad (7.1)$$

其中，E 表示期望因子，C_t、M_t 和 N_t 分别表示家庭 t 期的消费、持有的货币和提供的劳动量。家庭在追求效用最大化时面临以下预算约束：

$$\frac{M_{t-1}}{\pi_t} + \frac{B_{t-1}}{\pi_t} + W_t N_t + D_t = C_t + M_t + \frac{B_t}{R_t} \quad (7.2)$$

其中，B_t、R_t、π_t 和 D_t 分别表示家庭 t 期购买的 t+1 期到期的债券、名义利率、通货膨胀率和企业红利。由一阶条件求解家庭在预算约束下的效用最大化，可得式（7.3）、式（7.4）和式（7.5）：

$$(C_t - hC_{t-1})^{-\sigma^c} = \beta E_t\left[(C_{t+1} - hC_t)^{-\sigma^c}\frac{R_t}{\pi_{t+1}}\right] \quad (7.3)$$

$$\varphi N_t^{\sigma^l} = W_t(C_t - hC_{t-1})^{-\sigma^c} \quad (7.4)$$

$$\eta M_t^{-\sigma^m} = \left(1 - \frac{1}{R_t}\right)(C_t - hC_{t-1})^{-\sigma^c} \quad (7.5)$$

7.2.2 生产部门

中间品生产企业以劳动为生产要素，在完全竞争市场条件下生产同质产品。中间品生产企业的生产函数为：

$$Y_t(i) = A_t N_t(i)^\alpha \quad (7.6)$$

其中，技术冲击 A_t 表示生产效率的变化，在规模报酬不变的假设条件下 $\alpha = 1$。式（7.6）中之所以未包含资本存量，主要出于以下考虑：虽然投资波动是引发产出波动的重要因素，但投资作为流量指标对资本存量的影响非常微弱，在新凯恩斯框架下设定资本存量外生给定能够满足研究要求（Mc-callum and Nelson，1999），也简化了系统模型的推导（林黎和任若恩，2007；贺聪等，2013）。最终品生产企业在完全竞争生产条件下，将零售品组装成最终品 Y_t，其技术函数为：

$$Y_t = \left[\int_0^1 Y_t(i)^{\frac{\varepsilon-1}{\varepsilon}} di \right]^{\frac{\varepsilon}{\varepsilon-1}} \tag{7.7}$$

为揭示货币政策向通货膨胀传导的机制，以及通货膨胀变动具有的持续性特征，本书借鉴卡尔沃（1983）和罗滕伯格（Rotemberg，1982）的研究，将Calvo的交错定价和罗滕伯格的二次型价格调整引入模型。卡尔沃（1983）认为，由于价格调整存在固定成本和粘性，企业为最大化其利润，每期以概率 P 保持价格不变，则价格发生变动的概率为 $1-P$。中间品生产企业的最优价格 $P_t^b(i)$ 调整依赖于上一期的产品价格，则 t 期时的综合价格指数为：

$$P_t = \left[(1-P)P_t^b(i)^{1-\varepsilon} + PP_{t-1}^{1-\varepsilon} \right]^{\frac{1}{1-\varepsilon}} \tag{7.8}$$

同时，罗滕伯格（1982）认为，价格调整还存在客户成本和管理成本等可变成本，价格调整与可变成本存在紧密联系，从而使得价格调整存在不完全性。借鉴肖和基姆（Chauvet and Kim，2010）的研究，名义价格的调整成本（QAC）可表示为：

$$QAC = \frac{c}{2} \left(\frac{P_t^b}{P_t} - \frac{P_{t-1}^b}{P_{t-1}} \right)^2 Y_t \tag{7.9}$$

在存在交错定价和二次型价格调整的假设下，企业通过选择 P_t^b 以达到利润的最大化，则企业利润最大化的目标函数为：

$$E_t \sum_{n=0}^{\infty} (P\beta)^n \frac{(P_t^b - mc_{t+n})Y_{i,t+n}}{P_{t+n}} - \frac{c}{2} \left(\frac{P_t^b}{P_t} - \frac{P_{t-1}^b}{P_{t-1}} \right)^2 Y_t \tag{7.10}$$

其中，mc_t 表示实际边际劳动成本。对式（7.8）进行对数线性化，并对数线性化式（7.10）的一阶条件，由此可获得以下形式的双价格粘性的新凯恩斯菲利普斯曲线：

$$\hat{\pi}_t = \frac{a}{b} E_t \hat{\pi}_{t+1} + \frac{d}{b} \hat{\pi}_{t-1} + \frac{1-p\beta}{b} mc_t \tag{7.11}$$

其中，$a = p\beta \left(\frac{1}{1-p} + d \right)$，$b = \frac{p}{1-p} + (1+p\beta)d$，$d = \frac{c(1-p\beta)p}{(\varepsilon-1)(1-p)}$。由式（7.11）可以看出，新凯恩斯菲利普斯曲线包含了预期通货膨胀率、滞后一期的通货膨胀率和实际边际劳动成本，即通货膨胀的变动具有前瞻后顾性。该曲线同时也强调了实际边际成本在价格决定中的作用。对数线性化式（7.4）和式（7.6），求解出实际边际劳动成本并代入式（7.11），便可得到双价格粘性的新凯恩斯菲利普斯曲线。将外生冲击项加入双价格粘性的新凯恩斯菲利普斯函数可得到式（7.12）：

$$\hat{\pi}_t = \frac{a}{b}E_t\hat{\pi}_{t+1} + \frac{d}{b}\hat{\pi}_{t-1} + \frac{(1-p\beta)\varphi_1}{b}\hat{y}_t + \frac{(1-p\beta)\varphi_2}{b}\hat{y}_{t-1} + \varepsilon_t^{\pi} \quad (7.12)$$

其中，$\hat{y}_t$ 和 $\hat{y}_{t-1}$ 表示产出缺口，$\varphi_1 = \frac{\sigma^l + 1 - \alpha}{\alpha} + \frac{\sigma^c}{1-h}$，$\varphi_2 = \frac{\sigma^c h}{1-h}$，$\varepsilon_t^{\pi}$ 表示引发通货膨胀变动的外生冲击，服从以下 AR（1）过程：

$$\varepsilon_t^{\pi} = \rho_{\pi}\varepsilon_{t-1}^{\pi} + e_{\pi,t}, \ e_{\pi,t} \in (0, \sigma_{\pi})$$

其中，$e_{\pi,t}$ 服从正态分布。式（7.12）刻画了经济中产出与通胀之间的联系，是在双价格粘性下企业的跨期最优化定价行为。对数线性化式（7.3）可得：

$$\hat{c}_t = \frac{h}{1-h}\hat{c}_{t-1} + \frac{1}{1+h}E_t\hat{c}_{t+1} - \frac{1-h}{(1+h)\sigma^c}(\hat{r}_t - E_t\hat{\pi}_{t+1})$$

由市场出清条件 $Y_t = C_t$，并引入外生冲击项，可得以下形式的动态 IS 曲线：

$$\hat{y}_t = \frac{h}{1-h}\hat{y}_{t-1} + \frac{1}{1+h}E_t\hat{y}_{t+1} - \frac{1-h}{(1+h)\sigma^c}(\hat{r}_t - E_t\hat{\pi}_{t+1}) + \varepsilon_t^y \quad (7.13)$$

式（7.13）刻画了家庭应对价格型货币政策调整的跨期最优化行为。其中，ε_t^y 服从 AR（1）过程：$\varepsilon_t^y = \rho_y\varepsilon_{t-1}^y + e_{y,t}$，$e_{y,t} \in (0, \sigma_y)$ 通过对数线性化式（7.5）可得货币需求函数的线性表达式：

$$\hat{m}_t = \frac{\sigma^c}{\sigma^m}(\hat{c}_t - h\hat{c}_{t-1}) - \frac{\beta}{(1-\beta)\sigma^m}\hat{r}_t$$

由市场出清条件，引入外生冲击项的货币需求函数可表示为以下形式：

$$\hat{m}_t \frac{\sigma^c}{\sigma^m}(\hat{y}_t - h\hat{y}_{t-1}) - \frac{\beta}{(1-\beta)\sigma^m}\hat{r}_t + \varepsilon_t^m \quad (7.14)$$

其中，ε_t^m 服从 AR（1）过程：$\varepsilon_t^m = \rho_m\varepsilon_{t-1}^m + e_{m,t}$，$e_{m,t} \in (0, \sigma_m)$。

至此，我们通过求解家庭和企业部门的最优化问题，得到了具有前瞻后顾性的双价格粘性的新凯恩斯菲利普斯曲线（NKPC，式（7.12））、动态 IS 曲线（DIS，式（7.13））和货币需求曲线（MD，式（7.14））。本文在 DSGE 模型框架下，推导出的含有产出和通胀内生持续（前瞻后顾）的一般均衡模型系统，与基础模型（胡志鹏，2012）相比，本书构建的模型具有以下特征：一是通货膨胀具有的内生持续，使得货币政策的回馈均衡能够影响通货膨胀的收敛速度，从而使货币政策的效应具有滞后性；二是当考虑调整成本时，将产出的滞后项引入模型已得到证实检验的支持（Fuhrer, 1996；Clarida and Gertler, 1999）。

由上述一般均衡模型系统可以看出，数量型货币政策发挥作用的路径是通过影响利率进而影响最终经济目标，这一路径依赖于货币需求函数的稳定以及利率的市场化程度，当一国利率还未实现市场化的条件下，货币政策的这一传导机制可能受阻，而在货币价值创造的理论假设下，其为家庭和企业带来的价值可直接对总需求和总供给产生影响。尽管陈汉鹏和戴金平（2015）在 DSGE 模型框架下，直接将货币供给量引入了 IS 曲线和新凯恩斯菲利普斯曲线，但实证检验显示货币在其引入模型中的系数均不显著，因此，本书通过货币需求函数 MD 求解出利率，并将其代入动态 IS 曲线，借此分析货币供给量对产出的影响。引入货币供给后的动态 IS 曲线为：

$$\hat{y}_t = \vartheta_1 \hat{y}_{t-1} + \vartheta_2 E_t \hat{y}_{t+1} + \vartheta_3 \hat{m}_t + \vartheta_4 E_t \hat{\pi}_{t+1} + \varepsilon_t^{y_m} \tag{7.15}$$

其中，$\vartheta_1 = \dfrac{h(1+h)\beta}{(1-h)(1-h+2\beta h)} + \dfrac{h(1-h)(1-\beta)}{1-h+2\beta h}$，$\vartheta_2 = \dfrac{\beta}{1-h+2\beta h}$，$\vartheta_3 = \dfrac{(1-h)(1-\beta)\sigma^m}{(1-h+2\beta h)\sigma^c}$，$\vartheta_4 = \dfrac{(1-h)\beta}{(1-h+2\beta h)\sigma^c}$。至此，可将利率决定的方程纳入由 HNKPC、DIS 和 MD 构成的方程体系，进而组成四个变量四个方程的完整体系。假定利率变动遵循具有政策延续性的泰勒规则（MP）：

$$\hat{r}_t = \alpha_r \hat{r}_{t-1} + \alpha_\pi \hat{\pi}_t + \alpha_y \hat{y}_t + \varepsilon_t^r \tag{7.16}$$

其中，ε_t^r 表示利率冲击，服从 AR（1）过程：$\varepsilon_t^r = \rho_t \varepsilon_{t-1}^r + e_{r,t}$，$e_{r,t} \in (0, \sigma_r)$。至此，由 NKPC、DIS、MD 和 MP 组成的方程系统，不仅能够回避 Lucas 批判，而且能够在给定的货币政策规则之下动态的模拟经济系统的演化。其构成的动态随机一般均衡模型系统如下：

$$\begin{cases} \hat{\pi}_t = \dfrac{a}{b} E_t \hat{\pi}_{t-1} + \dfrac{d}{b} \hat{\pi}_{t-1} + \dfrac{(1-p\beta)\varphi_1}{b} \hat{y}_t + \dfrac{(1-p\beta)\varphi_2}{b} \hat{y}_{t-1} + \varepsilon_t^\pi \\[2mm] \hat{m}_t = \dfrac{\sigma^c}{\sigma^m}(\hat{y}_t - h\hat{y}_{t-1}) - \dfrac{\beta}{(1-\beta)\sigma^m} \hat{r}_t + \varepsilon_t^m \\[2mm] \hat{y}_t = \vartheta_1 \hat{y}_{t-1} + \vartheta_2 E_t \hat{y}_{t+1} + \vartheta_3 \hat{m}_t + \vartheta_4 E_t \hat{\pi}_{t+1} + \varepsilon_t^{y_m} \\[2mm] \hat{r}_t = \alpha_r \hat{r}_{t-1} + \alpha_\pi \hat{\pi}_t + \alpha_y \hat{y}_t + \varepsilon_t^r \end{cases}$$

由此，本书采用贝叶斯方法估计模型参数，检验价格型货币政策与数量型货币政策冲击对实际产出和通货膨胀水平影响的差异，进而为我国货币政策中介目标的选择提供实证依据。

7.3 数据说明及模型参数估计

7.3.1 数据说明

本书选择 2001 年第 1 季度 ~ 2016 年第 4 季度的 GDP、通货膨胀、M1 和 7 天期银行间拆解利率为观测变量，数据来源为中经网统计数据库。本书数据处理过程如下。（1）将 CPI 月度环比数据转化为季度环比数据，然后用 HP 滤波方法除去 CPI 和银行间拆解利率的长期趋势值。（2）以 2001 年 1 季度为基期的 CPI 数据对名义 GDP 和 M1 进行调整，获得相应变量的实际值，并用 HP 滤波获得相应变量的周期波动值。

7.3.2 参数校准与贝叶斯估计

根据各部门的最优化方程，并在稳态附近对数线性化，得到包含 4 个内生变量 4 种外生冲击的模型系统。本书采用参数校准和贝叶斯估计方法给参数进行赋值，校准的参数值及含义如表 7 – 1 所示。

表 7 – 1　　　　　　　　　　　　参数校准

参数	取值	依据	参数	取值	依据
β	0.99	肖卫国等（2016）	c	115	潘方卉（2012）
p	0.75	张伟进等（2013）	h	0.34	张伟进等（2013）
ε	11	张伟进等（2013）			

表 7 – 2 第 2 ~ 第 4 列给出了模型结构参数的先验分布，先验分布参数值的选取即保证了取值的合理性和分散性，也与多数 DSGE 模型设定的先验分布相一致。其中，跨期替代弹性 σ_c 以及外生冲击 AR（1）的系数和标准差，

借鉴了斯梅茨和沃特斯（Smets and Wounters，2007）的先验分布设定；劳动供给替代弹性 σ_1 借鉴了茹斯蒂尼亚诺等（ustiniano et al.，2010）的先验分布设定。模型参数的先验分布设定和贝叶斯估计结果见表 7 - 2 所示。

表 7 - 2　　　　　　　　　　参数的先验分布与后验分布

参数	分布类型	先验分布		后验分布		5%	95%
		均值	标准差	均值	众数		
ρ_y	Beta	0.50	0.20	0.502	0.504	0.321	0.675
ρ_m	Beta	0.50	0.20	0.297	0.283	0.102	0.541
ρ_r	Beta	0.50	0.20	0.159	0.154	0.059	0.278
ρ_π	Beta	0.50	0.20	0.097	0.090	0.033	0.187
δ_y	InvGamma	1.00	2.00	1.126	1.085	0.806	1.590
δ_r	InvGamma	1.00	2.00	0.681	0.676	0.568	0.813
δ_m	InvGamma	1.00	2.00	1.862	1.811	1.462	2.429
δ_π	InvGamma	1.00	2.00	0.727	0.719	0.607	0.878
α_r	Normal	0.50	0.20	0.783	0.782	0.605	0.964
α_π	Normal	0.45	0.10	0.577	0.576	0.440	0.715
α_y	Normal	0.45	0.10	0.587	0.586	0.456	0.723
σ_m	Gamma	1.00	2.00	23.660	23.759	16.780	30.243
σ_1	Gamma	1.00	2.00	0.040	0.008	0.000	0.193
σ_c	Gamma	1.00	2.00	0.219	0.216	0.126	0.323

7.4　模型结果分析

本部分在对模型匹配数据的程度进行评估的基础上，通过脉冲响应分析货币供给和利率冲击对实际产出和通货膨胀的动态调整路径，并对实际产出和通货膨胀进行方差分解和历史拆解，分析外生冲击对观测变量预测误差方差的贡献程度，及其如何推动观测变量的变动。

7.4.1 模型质量评估

从表 7 - 3 中实际数据与模型模拟数据的标准差与相关系数的比较可以看出，本书构建的模型能够很好地捕捉到观测变量的数据特征。首先，模型模拟得到的标准差与实际数据的标准差十分接近，除实际产出外，其他观测变量的标准差都在模型模拟标准差的 90% 置信区间内。其次，观测变量滞后一期的相关系数与模型模拟得到的相应相关系数比较接近，且都在其 90% 的置信区间内。本书构建的模型能够很好地模拟观测变量之间的相关系数，除产出与利率间的相关系数外，其余观测变量间的相关系数均在模型模拟相关系数 90% 的置信区间内。由此可见，本书构建的模型能够很好地拟合实际数据的特征，适合对本书预研究的问题做进一步分析。

表 7 - 3 观测变量的实际数据与模拟数据的比较

衡量指标	实际数据	模拟数据		
		模拟均值	5%	95%
标准差				
Y	0.844	1.085	0.868	1.336
R	0.633	0.597	0.463	0.756
M	1.799	1.962	1.523	2.504
π	0.654	0.756	0.599	0.936
相关系数				
Y(t)，Y(t-1)	0.001	0.153	-0.035	0.332
R(t)，R(t-1)	0.718	0.491	0.297	0.669
M(t)，M(t-1)	0.382	0.399	0.163	0.621
π(t)，π(t-1)	0.345	0.191	-0.008	0.381
Y(t)，R(t)	-0.069	0.214	-0.018	0.438
Y(t)，M(t)	0.151	0.042	-0.209	0.283
Y(t)，π(t)	0.044	0.242	-0.025	0.487
R(t)，π(t)	0.313	0.431	0.210	0.624
M(t)，π(t)	-0.271	-0.332	-0.549	-0.094

7.4.2 脉冲响应分析

从图7-1可以看出，利率提升能够使通货膨胀水平和总产出同时下降，与总产出相比，利率对通货膨胀影响的持续性较强。总产出由负值在第4季度调整至稳态水平，通货膨胀率由负值在第5季度调整至稳态水平。量化宽松型货币政策在促进经济增长的同时，易引发通货膨胀。数量型宽松货币政策仅在当期对总产出有效，滞后第2期～第3期为负值，第4期调整至稳态水平。通货膨胀率则持续两期为正直，第3期～第4期调整至负值，第5期调整至稳态水平。通过分析利率和货币供给冲击对总产出和通货膨胀的脉冲响应可以看出，相较于数量型货币政策工具，价格型货币政策工具对总产出和通货膨胀的调控具有将长的持续性和一致性，因此，价格型货币政策工具更能有效地调控总产出和通货膨胀。

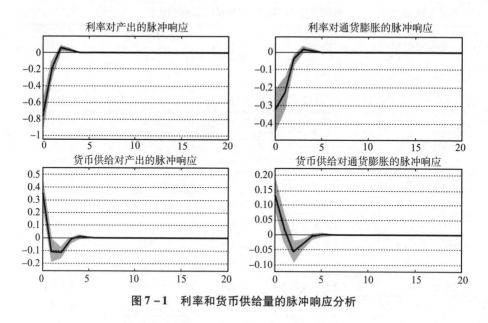

图7-1 利率和货币供给量的脉冲响应分析

7.4.3 方差分解分析

表7-4给出了利率和货币供给冲击对总产出和通货膨胀预测误差方差的贡

献程度，本书主要分析第 1～第 3 季度（短期）和第 10 季度（中期）的情况。从方差分解的结果来看：在短期和中期内，总产出和通货膨胀率的波动主要由利率冲击解释，利率对总产出波动的贡献程度分别为 56.2%、54.1%、53% 和 52.9%，对通货膨胀波动的贡献程度分别为 21.3%、28%、27.9% 和 27.7%。

上述脉冲响应和历史拆解分别从一阶矩和二阶矩，分析了利率和货币供给冲击对总产出和通货膨胀的影响。从分析的结果来看：第一，利率冲击是总产出和通货膨胀波动的重要影响因素，且利率冲击对总产出波动的贡献程度高于其对通货膨胀波动的贡献程度。第二，相较于数量型货币政策，价格型货币政策调控总产出和通货膨胀具有较长的持续期和一致性，且利率冲击对总产出和通货膨胀波动的贡献程度较高。

表 7－4	宏观经济观测变量的方差分解			
观测变量	Y	R	M	π
1 个季度				
货币供给冲击	0.135	0.405	0.201	0.039
利率冲击	0.562	0.012	0.016	0.213
2 个季度				
货币供给冲击	0.135	0.367	0.139	0.037
利率冲击	0.541	0.039	0.055	0.280
3 个季度				
货币供给冲击	0.142	0.355	0.131	0.043
利率冲击	0.530	0.042	0.059	0.279
10 个季度				
货币供给冲击	0.142	0.352	0.130	0.044
利率冲击	0.529	0.042	0.059	0.277

7.4.4 历史拆解分析

图 7－2 给出了总产出和通货膨胀波动的实际值（实线），以及货币供给和利率冲击推动的观测变量变动（虚线）。表 7－5 给出了图 7－2 中 2015 年第 1 季度～2016 年第 4 季度观测变量及相应冲击影响程度的数值。从图 7－2 和表 7－5 可以得到以下几点分析：第一，在 2007 年第 1 季度～2016 年第 4

季度的样本区间内，货币供给冲击对产出变动的推动作用大于其对通货膨胀变动的推动作用。同时，相较于货币供给冲击的推动作用，利率对总产出和通货膨胀变动的推动作用更大。第二，利率冲击的平滑值在 2009 年前后明显低于零。这是因为受美国次贷危机的影响，银行间市场的流动性趋紧，2008年银行间拆解利率上升至 3% 以上，推动了总产出和通货膨胀向下变动。在2009 年第 2 季度～2011 年第 3 季度的经济恢复增长期，银行间拆解利率下降至 2% 左右，利率冲击的平滑值显著大于零，有效地阻止了总产出的下滑，而货币供给冲击对总产出向上的推动作用较小，这意味着在这一样本区间内，价格型货币政策有效推动了总产出的增加。第三，在"新常态"下，经济增长面临较大下行压力，而利率冲击在推动总产出增加中发挥了重要作用。在2015 年第 1 季度～2016 年第 4 季度的样本区间内，利率冲击的平滑值仅在2015 年的第 1 季度和第 4 季度为负，且利率冲击的平滑值明显大于货币供给冲击的平滑值，即利率冲击在推动总产出的增长中发挥重要作用。同时，利率冲击也是推动通货膨胀变动的重要影响因素。

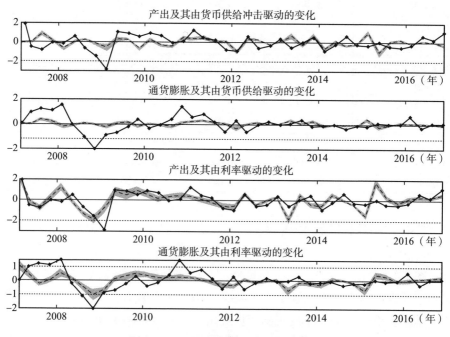

图 7 - 2　利率和货币供给冲击的影响

表7-5 利率和货币供给冲击的贡献程度

时间	总产出			通货膨胀		
	实际值	货币供给 冲击贡献	利率 冲击贡献	实际值	货币供给 冲击贡献	利率 冲击贡献
2015.1	-0.34	1.00	-1.53	-0.22	0.34	-0.73
2015.2	0.01	-1.09	1.65	0.07	-0.25	0.41
2015.3	-0.46	0.07	0.19	-0.04	-0.12	0.33
2015.4	-0.51	0.22	-0.33	-0.04	0.08	-0.05
2016.1	-0.31	-0.10	0.16	0.60	0.00	0.03
2016.2	0.60	0.14	0.29	-0.32	0.05	0.14
2016.3	0.19	0.02	0.19	0.06	0.03	0.14
2016.4	1.04	-0.30	0.51	0.08	-0.11	0.26

7.5 估计结果的稳健性检验与脉冲响应分析

7.5.1 稳健性检验模型的构建

作为更直观的检验上述一般均衡模型系统估计结果的稳健性，以及比较两种中介目标效应的差异，可以将产出、通货膨胀、货币供给量和利率同时纳入向量自回归模型，通过脉冲响应函数考察来自利率和货币供给量的冲击会给产出和通货膨胀带来怎样的影响。简约型向量自回归（VAR）模型的形式如下：

$$Y_t = c + A_1 Y_{t-1} + \cdots + A_p Y_{t-p} + u_t, \ t = 1, \cdots, T$$

其中，Y_t 为 $n \times 1$ 的内生向量，c 和 A_i，$i = 1, \cdots, p$ 是模型的待估计参数序列，T 是样本的长度，u_t 服从标准正态分布，也可对模型的残差项进行推广进而构建 SVAR 模型。但考虑到我国作为一个转型期的发展中国家，渐进式的经济体制改革改变了原有的经济结构，而经济结构的不稳定势必影响经济变量之间的关系，采用固定参数模型可能无法反映我国经济结构变化对货币政策效应的影响，主观划分结构性变化区间也可能存在偏误。因此，简约型 VAR 模型和 SVAR 模型可能会因忽视各变量间存在的结构性变化，以及非预期的外在冲击可能给模型带来的异方差性，从而对货币政策效应检验结论的稳健性造成干扰。为避免上述不足，本章构建具有异方差的时变参数 VAR（HTVPVAR）模型，通过时变方差分解和在每一时点的脉冲响应，实证分析上述系统方程估计结果的稳健性，以及不同中介目标的效应。本章构建的具有 2 阶滞后和四维时间序列的 HTVPVAR 模型的形式如下：

$$Y_t = c_t + A_{1,t}Y_{t-1} + A_{2,t}Y_{t-2} + \varepsilon, \quad t = 1, \cdots, T$$

其中，Y_t 为 4×1 可观测的时间序列变量，c_t 为模型的时变截距项，$A_{1,t}$ 和 $A_{2,t}$ 均为 4×4 的时变参数矩阵，ε_t 为模型不可观测的外在冲击随机项，且具有异方差性，其协方差矩阵为 C_t。不失一般性，假设协方差矩阵可做以下分解：$B_t C_t B_t' = D_t D_t'$。其中，B_t 为下三角形矩阵：

$$B_t = \begin{bmatrix} 1 & 0 & 0 & 0 \\ b_{21,t} & 1 & 0 & 0 \\ b_{31,t} & b_{32,t} & 1 & 0 \\ b_{41,t} & b_{42,t} & b_{43,t} & 1 \end{bmatrix}$$

D_t 为对角线矩阵：

$$D_t = \begin{bmatrix} \sigma_{1,t} & 0 & 0 & 0 \\ 0 & \sigma_{2,t} & 0 & 0 \\ 0 & 0 & \sigma_{3,t} & 0 \\ 0 & 0 & 0 & \sigma_{4,t} \end{bmatrix}$$

令，b_t 为矩阵 B_t 的对角线以下元素所组成的向量，σ_t 为对角线矩阵的 D_t 对角线元素组成的向量，则模型的时变动态参数满足式（7.17）、式（7.18）和式（7.19）：

$$A_t = A_{t-1} + \vartheta_t \tag{7.17}$$

$$b_t = b_{t-1} + u_t \tag{7.18}$$

$$\log\sigma_t = \log\sigma_{t-1} + \varsigma_t \tag{7.19}$$

由上述式（7.17）、式（7.18）和式（7.19）可以看出，参数 A_t 服从随机漫步，σ_t 服从几何随机漫步，这也使得该模型的协方差矩阵具有时变性。当上述参数均为常数时，HTVPVAR 模型退化为经典的 VAR 模型。

HTVPVAR 模型的参数采用贝叶斯方法进行估计，应用贝叶斯方法估计模型的参数，需首先获得时间序列变量初始状态的先验分布，为了获得时间序列变量初始状态的先验分布，可选择数据的部分样本用于先验分布的校正，并通过 OLS 方法获得常系数 VAR 模型的参数，以 VAR 模型的参数作为 HTVPVAR 模型参数的初始值，再用数据的剩余样本估计异方差的 TVPVAR 模型。本章将借鉴普里米切里（Primiceri，2005）的方法，把参数的初始值 A_0 设定为服从正态分布，且正态分布的均值和方差分别为 VAR 模型的点估计值 $\hat{A}_{OLS}$ 和其方差的 4 倍，B_0 的先验估计值以同样的方法获得，σ_0 的分布设定为服从对数正态分布：

$$\log\sigma_0 \sim N(\log\hat{\sigma}_{OLS}, I_n) \qquad (7.20)$$

对于样本区间内的后验参数估计采用 Gibbs 抽样方法，共进行 10000 次抽样，并舍去初始的 2000 次抽样，用剩余抽样模拟模型的参数。接着对模型的时变方差进行分解，由此获得某一变量在每一时点对自身和其余变量的脉冲响应。其中，HTVPVAR 模型的时变方差和脉冲响应，反映了外在冲击随时间变化的轨迹和各时间序列变量对冲击的反应。

Gibbs 抽样最早由杰曼（Geman）在 1984 年提出，这一抽样是马尔科夫链 MC 算法的一种，1990 年盖尔芬德（Gelfand）和史密斯（Smith）将 Gibbs 抽样用于贝叶斯计算，Gibbs 抽样的基本思想是从全条件分布中进行迭代抽样，再由联合分布的样本求得边缘分布的样本。假设随机变量 x_1，x_2，$\cdots$，x_k 的联合分布为 $F(x_1, x_2, \cdots, x_k)$，条件分布可以表示为：

$$F(x_i \mid x_j, j\neq i) = \frac{F(x_1, x_2, \cdots, x_k)}{F(x_1, x_2, \cdots, x_{i-1}, x_{i+1}, \cdots, x_k)} \qquad (7.21)$$

即在 x_j，$j\neq i$ 已知的条件下，可由联合分布函数得到 k 个一元全条件分布函数：

$$F(x_i \mid x_j, j\neq i) \propto F(x_1, x_2, \cdots, x_k), \quad i=1, 2, \cdots, k$$

其中，$F(x_i \mid x_j, j\neq i)$ 与 $F(x_1, x_2, \cdots, x_k)$ 成比例关系，只差一个常数：

$$F^{-1}(x_1, x_2, \cdots, x_{i-1}, x_{i+1}, \cdots, x_k)$$

由此，我们便可进行 Gibbs 抽样，Gibbs 抽样的基本步骤如下：

第一，给定 $(x_1, x_2, \cdots, x_k)$ 的初始值 $(x_1^0, x_2^0, \cdots, x_k^0)$，从条件分布 $F(x_1 \mid x_2^0, \cdots, x_k^0)$ 中随机抽出 x_1^1，用 x_1^1 替代 x_1^0，然后，再从条件分布中 $F(x_2 \mid x_1^1, x_3^0, \cdots, x_k^0)$ 中随机抽出 x_2^1，并用 x_2^1 替代 x_2^0，如此进行下去，便得到数列 $(x_1^1, x_2^1, \cdots, x_k^1)$。

第二，以前一次抽样获得的数列（x_1^1，x_2^1，…，x_k^1）为初始值，按照上个步骤进行抽样。如此重复 N 次，得到 $X^n = (x_1^n$，x_2^n，…，$x_k^n)$，$n = 1, 2, …, N$。当 N→∞ 时，史密斯和罗伯茨（Smith and Roberts，1993）在不太强的正则条件下，证明了下式成立：

$$X^n \to (x_1, x_2, …, x_k) \sim F(x_1, x_2, …, x_k) \tag{7.22}$$

且在 h(x)，$x \in R^k$ 可积的条件下，遍历平均 $\dfrac{1}{N} \sum\limits_{n=1}^{N} h(x^n)$ 是 E(h(x)) 的一致估计量。因此，当 N→∞ 时，X^n 可以认为是 $F(x_1, x_2, …, x_k)$ 的一个样本，x_i^n 则是 $F(x_1, x_2, …, x_k)$ 关于 x_i 边缘分布的一个样本。

至此，我们可将 x_1，x_2，…，x_k 看成是贝叶斯推断的 k 个参数。若将 F（x_1，x_2，…，x_k）看成后验联合分布，便可获得后验分布，以此便可求得参数的贝叶斯估计。Gibbs 抽样方法的优点在于简单、容易使用。

7.5.2　模型残差标准差的后验均值分析

与 VAR 模型类似，应用 HTVPVAR 模型的一个优点在于，不需要事先对模型中各变量的内生性和外生性做出假定，而货币供给量是内生还是外生在我国就是一个很有争议的问题。在 HTVPVAR 模型中，改变各时间序列变量的排列次序可能会导致模型的脉冲响应存在差异，这是因为排在第一位的变量对来自其他变量冲击的反应存在一期滞后，排在第二位的变量对来自排在第一位的变量的冲击当期做出反应，但对来自其他变量的冲击存在一期滞后，排在最后一位的变量将对来自所有变量的冲击当期做出反应。因此，本章在排列 HTVPVAR 模型中的变量次序时，参考陈浪南和田磊（2015）的研究以及相关经济学理论，并依据经济变量之间的关系，对 HTVPVAR 模型中各变量作以下排序：实际产出、通货膨胀、货币供给量 M_1 和利率。这是因为货币供给量的变动包含了产出变动和通货膨胀变动的信息，而实际产出、价格水平和货币供给量的变动将会对当期利率产生影响，因此将货币供给量 M_1 的环比增速缺口排在产出和价格水平之后，利率排在最后[①]。

---

① 变量不同排序的 HTVPVAR 模型的实证结果与本书相似，相关实证结果备索。

　　在预纳入模型的时间序列变量的平稳性检验通过后，可参考中岛等（Nakajima et al.，2009）的研究以及相应 VAR 模型的滞后阶数，选择 HTVPVAR 模型的滞后期，本章选择的 HTVPVAR 模型的滞后期为 2 阶滞后。在用贝叶斯方法估计模型的参数时，我们选择 1998 年 6 月～2001 年 9 月共 40 个样本的月度数据用于先验分布的校正，通过 OLS 方法获得常系数 VAR 模型的参数，并以 VAR 模型的参数作为 HTVPVAR 模型参数的初始值，再用 2001 年 10 月～2013 年 10 月的样本估计 HTVPVAR 模型的参数。至此，我们可通过模型残差的时变方差分解和脉冲响应，获得每一时间序列变量方程残差标准差的后验均值和脉冲响应。每一时间序列变量方程残差标准差的后验均值轨迹见图 7 - 3 所示：

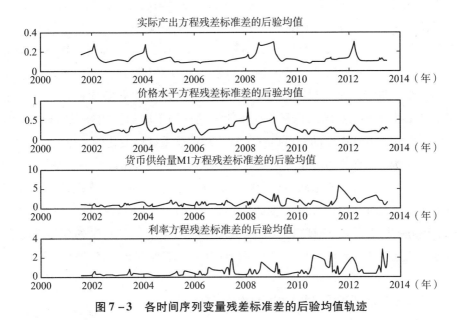

图 7 - 3　各时间序列变量残差标准差的后验均值轨迹

　　从图 7 - 3 可以看出，由于我国 2002 年受非典的影响，以及 2008 年受次贷危机的冲击，实际产出存在一定程度的短期波动，在 2012 年后，我国经济面临较大的下行压力，实际产出标准差的后验均值趋于增加即经济的不稳定性趋于增加。在 2006 年之后，我国价格水平的波动性趋于增加，特别是在次贷危机前的经济过热以及次贷危机时期价格水平的下降，使得我国价格水平标准差的后验均值达到样本期内的最大值，在 2012 年之后，随着我国价格水平趋于平稳，价格水平标准差的后验均值趋于减小。从货币供给量 M_1 方程残差标准差的后验均值轨迹可以看出，2008 年金融危机发生之后，世界主要经济体实施了量化宽松的货币政策，造成全球流动性过剩，大量热钱流入我国，次贷危机后，我国为应对次贷危机所带来的不利冲击和国内经济形式的变化，货币政策当局实施了宽松性的货币政策，使得实际货币供给量 M_1 环比增速的缺口在 2008 年和 2011 年具有较大的后验方差均值；在 2001 年 10 月～2006 年 9 月的样本区间内，我国经济整体运行平稳，通货膨胀率也维持在合理水平，货币政策在此样本区间内未作大的调整，使得以实际利率为货币政策中介目标的后验方差均值在此样本区间内较小。货币政策当局为了应对 2007 年的通货膨胀和房地产市场的泡沫，以及随后发生的次贷危机给我国宏观经济和金融市场带来的冲击，中央银行对货币政策进行了多次调整，使得利率在此样本内的波动幅度和频率趋于增加。在 2011 年前后，货币政策当局为应对宽松货币政策所引发的通货膨胀，货币政策当局又不得不对货币政策再次作出调整，使得利率缺口在 2011 年前后的后验方差均值较大，而在 2013 年后半年市场流动性趋紧，利率的波动性趋于增加。如果 HTVPVAR 模型识别出的货币政策变动，可以作为货币政策非系统性变化的测量值，那么，我们可以通过识别货币政策变动的时变标准差来度量货币政策的非系统变化。依此可以判断，我国货币政策在 2007 年至样本结束，进行了多次调整，且调整幅度在特定时间段内较大，使得货币政策在这一时期具有较大地波动性。从上述分析可以看出，HTVPVAR 模型较好的拟合了各时间序列变量的变化轨迹，充分验证了允许 HTVPVAR 模型存在异方差性的必要性和现实意义。

7.5.3　货币政策冲击的脉冲响应分析

在构建的 HTVPVAR 系统中，通过 HTVPVAR 模型的时变方差分解，分别给利率和货币供给量一个标准差大小的正向冲击，并选择脉冲的时间滞后为 8 期，可得到利率和货币供给量 M_1 对模型中变量在每一时间点的脉冲响应，脉冲响应描述了变量对误差冲击的反应。货币政策冲击的脉冲响应包括作用时间和影响程度两部分，货币政策的作用时间是指从货币政策冲击发生的当期，到货币政策对宏观经济影响消失为止的时间距离，反映了货币政策对经济运行的持久性，在脉冲响应图中即为脉冲归于零的时间。对于货币政策的作用时间而言，时间越短往往表示货币政策能够在较短时间内发挥最大的政策效应。货币政策的影响程度是指货币政策对宏观经济波动产生影响的大小，在经济偏离均衡状态时，一种有效的货币政策工具能通过自身的松紧程度最大程度的将其拉回均衡状态。提高利率和增加货币供给量 M_1 冲击的脉冲响应见图 7 - 4 ~ 图 7 - 10 所示。图中竖柱、水平横柱和水平纵柱分别表示脉冲响应的大小、时间和冲击作用的滞后期（单位：月度）。从图 7 - 4 ~ 图 7 - 10 可以看出，紧缩性货币政策在不同经济状态下的效应存在差异。其中，数量型货币政策的产出效应要强于价格型货币政策，这与陈浪南和田磊（2015）等学者的结论相一致，但数量型货币政策产出效应的稳定性不如价格型货币政策对应的效应；紧缩性价格型货币政策在冲击发生后的第 2 个月内价格水平基本下降，但在部分时间段内和脉冲响应的持续期内，价格水平与利率变化存在正向的关联性，这说明在我国经济中，也同样存在着广为人知的"价格之谜"特征（周建和况明，2015），这与第 3 章得出的短期加息与价格水平呈现出正向关联性的结论基本一致。但在 2012 年 3 月至样本结束，正向利率冲击使价格水平在冲击发生后的第 2 个月内和第 3 个月内下降。其中，第 2 个月内价格水平平均下降 0.39，第 3 个月内平均下降 0.12，随后小幅波动回复至冲击前的水平，这表明随着我国利率市场化的推进，利率越来越可以作为我国货币政策调控通货膨胀的政策工具，在通货膨胀阶段提高利率以促使价格水平降低。相较于价格型货币政策，数量型货币政策对价格水平的效应不稳定；货币供给增加对利率的冲击在一部分样本和滞后期内表现为通货膨胀效应，在另一部分样本和滞后期内则表现为流动性效应，这也意味着我国货币供给的传导路径和传导机制存在着阻滞，使得货币的价格变化未能由市场机制迅速有效的对于货币供给与货币需求的相对变化来反映。

1. 货币政策对实际产出的脉冲响应分析

对于实际产出，由图 7 - 4 可以看出，在提高利率实施的紧缩性货币政策冲击下，实际产出在冲击发生后的第 2 个月内做出反应，脉冲响应的最低点基本出现在利率冲击发生的第 3 个月内，并在冲击发生 6 个月后实际产出增长率的缺口几乎恢复到冲击前的水平。其中，在 2002 年 1 月 ~ 2012 年 2 月的时段内，实际产出增速的缺口在冲击发生后的第 2 个月内平均增加 0.01，并在随后的第 3 个月内下降 0.04，但在 2012 年 3 月 ~ 2013 年 10 月的时段内，实际产出增速的缺口在冲击发生后的第 2 个月内平均下降近 0.01，在第 3 个月内下降近 0.1，随后小幅波动恢复至冲击前的水平，这种对实际产出的负向冲击与经济理论相一致：紧缩性货币政策对实际产出有负向影响。从利率调整对实际产出影响的整体来看，价格型货币政策是有效的，但对价格型货币政策而言，银行间拆借利率增加在当期可能并不会影响到所有银行，银行间拆借利率上升可能是由部分商业银行的流动性吃紧或风险增加引发，其需要一段时间将银行间拆借利率增加的影响扩散至整个银行系统，这使得价格型货币政策冲击对产出的效应存在滞后。上述结果表明，在经济收缩阶段，宽松性价格型货币政策能起到刺激经济复苏的作用且其脉冲响应在不同时间点未出现大起大落的局面，这在一定程度上说明了利率作为货币政策的中介目标用于维护经济增长的适用性，这是因为以对最终目标影响稳定的经济变量作为中介目标更易于调控。

由图 7-6 可以看出，在增加货币供给量 M_1 实施的宽松性货币政策冲击下，实际产出增速的缺口在冲击发生后的第 2 个月内做出反应，平均增加约 0.06，在第 3 个月内对产出的正向冲击减弱，甚至在部分时间段内转为负向，随后产出增速的缺口恢复至冲击前的水平，相较于价格型货币政策，数量型货币政策与产出的关系不稳定，这也验证了式（7.15）的估计结果。货币供给量 M_1 冲击对产出的效应在 2006 年 ~ 2012 年 5 月较强，但在 2012 年 6 月至样本结束，货币供给量变动对产出的影响趋于减弱，这是因为在后一段时间内，我国经济下行压力增大，人们对未来经济增长的预期发生变化，此时，中央银行仅仅依靠数量型货币政策，人们可能不会再相应增加消费和投资，单纯依靠增加货币供给量刺激经济已达不到宏观调控的目的，这与数量型货币政策在经济不景气时期作用有限相对应。上述结果表明，在一定经济状态条件下，货币供给量 M_1 增加能够起到刺激经济增长的作用，但在某些条件下容易导致经济过热甚至货币政策失效，很难准确预测货币供给量变动的实际产出效应，如在 2011 年前后，滞后 6 期的脉冲响应显示出对产出的较大影响，而在其他时间区间内未出现，这可能在宏观经济形势扭转时导致货币政策与现实经济形势相背离，从而脱离中央银行调控的初衷。

上述结果表明，虽然价格型货币政策冲击对实际产出增速缺口的影响，整体上弱于数量型货币政策冲击对应的影响，但价格型货币政策对实际产出影响的稳定性强于数量型货币政策，这显示出价格型货币政策的有效性。随着我国利率市场化的推进，以及对经济进行的市场化改革，经济主体对利率反应的敏感性和一致性增强，价格型货币政策必将在调控实际产出中发挥更大作用，显示出中央银行可通过调控银行间拆借利率进而达到调控实际产出的目的，这与任杰和尚友芳（2013）、吕光明（2012）、蔡彤娟等（2014）以及刘金全和刘兆波（2008）应用 SVAR 模型得出的结论基本一致。本部分的结论显示出价格型货币政策效应的非中性以及在不同经济状态下的时变性。这一结论不同于拉菲克和马利克（Rafiq and Mallick，2008）等学者得出的货币政策中性的结论，也不同于刘明志（2006）、雷罗（2009）得出的价格型货币政策对实际产出影响较小的结论。本部分结论的政策意义在于，在经济增速的下滑阶段实行宽松性货币政策，能够在一定程度上刺激经济回升和维持经济稳定，且相较于数量型货币政策，价格型货币政策对实际产出的调控成效较稳定。

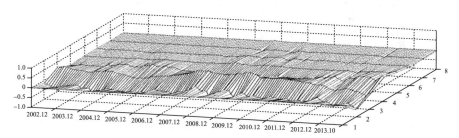

图 7 - 4　利率对实际产出的脉冲响应

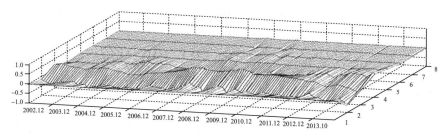

图 7 - 5　利率对价格水平的脉冲响应

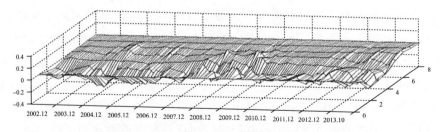

图 7 - 6　利率对实际货币供给量 M_1 的脉冲响应

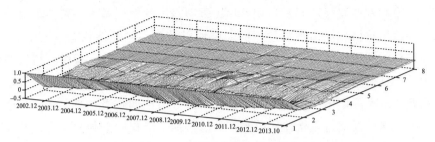

图 7 - 7　利率对自身的脉冲响应

2. 货币政策对价格水平的脉冲响应分析

对于价格水平，货币供给量和利率冲击对价格水平的影响存在较大的差异。从图 7 - 5 可以看出，对于价格型货币政策而言，在 2002 年 1 月 ~ 2012 年 2 月，正向利率冲击对价格水平的脉冲在冲击发生后的第 2 个月内由负向变为第 3 个月内的正向，第 3 个月内价格水平平均上升 0.23，随后恢复至冲击前的水平。其中，在经济较繁荣的 2003 年 5 月 ~ 2006 年 2 月的样本内，利率冲击对价格水平的脉冲在第 4 个月内和第 5 个月内显示为正向，价格水平分别平均上升 0.12 和 0.04，即存在"价格之谜"（周建和况明，2015），这与第 3 章得出的短期加息与价格水平呈现出正向关联性的结论基本一致，这是因为在一定条件下，利率上升增加了企业生产的成本，进而产生成本推动型的价格水平上升。在 2012 年 3 月至样本结束，正向利率冲击使价格水平在冲击发生后的第 2 个月内和第 3 个月内下降。其中，第 2 个月内价格水平平均下降 0.39，第 3 个月内平均下降 0.12，随后小幅波动恢复至冲击前的水平，并未出现"价格之谜"。这可能是由于随着我国金融创新和贷款利率下限的管制放松①，使得运营资本的获得成本降低，银行针对利率变化调整贷款利率的竞争压力增大，成本传导机制因银行对贷款利率的平滑而变得不显著，利率对价格水平的负向冲击增强。由此可知，随着我国利率市场化的推进，利率越来越可以作为我国货币政策调控通货膨胀的政策工具，在通货膨胀阶段提高利率以促使价格水平降低，这与戴晓兵（2013）所得出的利率波动能够影响价格水平的结论相一致。

从图 7-8 可以看出，在不同经济状态下，宽松性数量型货币政策冲击对价格水平的脉冲表现出较大的不稳定性。宽松性数量型货币政策冲击在发生后的第 2 个月内，对价格水平的脉冲在次贷危机时期等部分时间区间内呈现出负向，并在冲击发生后的第 3 个月内转为正向，这与货币主义者所强调的货币供给量的变动将反映在价格水平变动上的观点相一致。在部分时间区间内，滞后 6 期的脉冲响应显示出对价格水平的较大影响，而在其他时间区间内未出现，这可能会在宏观经济形势扭转时导致货币政策与现实经济形势相背离，从而脱离中央银行调控价格水平的初衷。实证结果显示货币供给量增加对促进价格水平回升的作用在次贷危机时期得到了体现，美国发生的次贷危机给我国经济带来了不小的冲击，价格水平相较于前一年大幅下降，中央政府和中央银行为防范经济进入通货紧缩，推出了 4 万亿元刺激经济的计划，货币供给量大幅增加，在很大程度上扭转了我国经济通货紧缩的局面。但从图 7-8 还可以看出，以货币供给量 M_1 作为货币政策的中介目标对价格水平的影响不稳定，且在部分时间区间内作用的时间过长，这就容易造成中央银行对价格水平的可控性较差，在货币政策实施前不易估测对最终目标的影响，这使得在随后的一段时间内，宽松性数量型货币政策给我国经济带来了较大的通货膨胀压力，导致了价格水平连续上涨的局面即次贷危机后，我国经济出现过热，可能是由于次贷危机时期刺激经济回升的数量型货币政策措施在经济形势逆转后脱离了中央银行调控的初衷。由此可知，一些不确定因素可能会加剧宽松性数量型货币政策对价格水平的冲击，造成较为严重的通货膨胀。

从图 7-10 可以看出，在一部分样本内，货币供给量增加并未在当期降低银行间拆借利率。在将证券公司、信用社、保险、信托等金融机构纳入银

---

① 我国中央银行已于 2013 年 7 月 19 日宣布全面放开金融机构贷款利率的管制。

行间拆借市场以及 2007 年 1 月 4 日全国银行间市场开始上线运行后，极大地推动了我国利率市场化的进程，货币供给量增减向利率的传导趋于增强，特别是在 2012 年 6 月之后，货币供给量增加对利率的脉冲在当期呈现出负向，这与系统方程在样本 2 内的估计结果基本一致，但仍在部分时间点的滞后期内呈现出正向冲击。上述结果显示我国货币供给量 M_1 增加对利率的冲击在部分样本内表现为通货膨胀效应，即货币供给增加引发了价格水平的上升，进而导致利率上升，在另一部分样本内则表现为流动性效应，即货币供给增加引致市场的流动性增加，进而导致利率下降。这也意味着我国货币供给的传导路径和传导机制存在着阻滞，使得货币的价格变化未能由市场机制迅速有效的对于货币供给与货币需求的相对变化来反映，这也映衬了本章得出的货币供给增加对价格水平的影响强烈且迅速的结论即我国的价格粘性较小。这在一定程度上也反映了我国货币政策改革的方向，即在现阶段不应简单放弃货币供给量作为货币政策的政策工具，而是应根据我国经济市场化的进程，通过利率市场化的改革，从而建立一种有利于货币供给量能够发挥中间目标功能的货币控制机制，以此增强我国货币政策宏观调控的有效性（范从来，2004）。

由此可知，在部分时间点宽松性数量型货币政策可能会背离中央银行调控价格水平的初衷，从稳定性来看，价格型货币政策优于数量型货币政策，这与伯南克和布林德（1992）所持有的利率作为政策工具可能更好的观点相一致。本部分的结论与冯春平（2002）得出的货币供给量对价格水平的影响波动性较大并有逐渐增强的趋势基本一致，但不同于江春和刘春华（2006）得出的利率在我国货币政策中作用有限的结论。

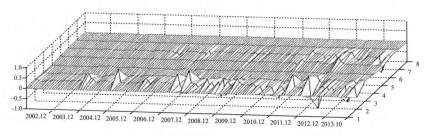

图 7 – 8　货币供给量 M_1 对实际产出的脉冲响应

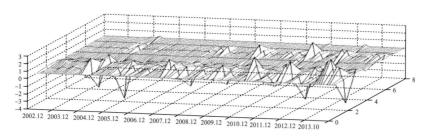

图 7 - 9　货币供给 M_1 对价格水平的脉冲响应

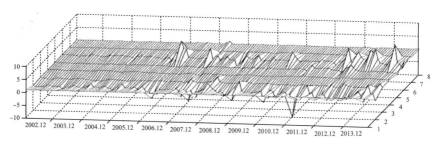

图 7 - 10　货币供给量 M_1 对自身的脉冲响应

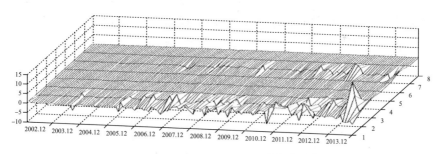

图 7 - 11　货币供给量 M_1 对利率的脉冲响应

上述结果表明，无论是价格型货币政策还是数量型货币政策，其对实际产出和价格水平的效应在不同经济状态下存在差异和结构性变化，从整体来看，宽松性货币政策有利于产出提高，但也加大了通货膨胀的上行风险。从货币政策冲击的脉冲效应可看出，相较于数量型货币政策，价格型货币政策对实际产出和价格水平的效应较稳定；数量型货币政策存在利率渠道效应，但很难预测货币利率渠道效应的大小。上述结论的政策意义在于，出于货币政策不同中介目标对产出和价格水平构成影响的有效性、强度和持续时间等方面存在差异，中央银行选择合适的中介目标极为重要。就我国经济现实而言，当今我国经济运行已进入"新常态"，经济面临结构转型和较大下行压力，以往的教训以及本章的实证结论告诉我们，不应再采取次贷危机时期所采取的那种刺激经济的措施，而应采取以降低利率为主，并辅助相应的产业政策措施，帮助经济加快产业结构升级，以此促进经济增长。上述结论还要求我们在制定反通胀政策时，要注意权衡控制通胀与保持经济增长之间的利害取舍，历史上的各国典型事实也告诉我们，实施严厉的反通胀货币政策将导致经济严重下滑，但在经济增长下行以及通胀预期减弱的阶段，本章的结论支持中央银行将政策的重心放在经济增长上。本章 HTVPVAR 模型的估计结果与一般均衡模型系统的估计结果基本一致，显示出上述一般均衡模型系统估计结果的稳健性，也显示出本章构建的一般均衡模型系统是适合我国经济体的结构特征的。

7.5.4　对 HTVPVAR 模型估计结果的稳健性检验

为检验 HTVPVAR 模型估计结果的稳健性，选择滞后 2 阶的 VAR 模型进行估计检验。VAR 模型的脉冲响应如图 7-12 和 7-13 所示：

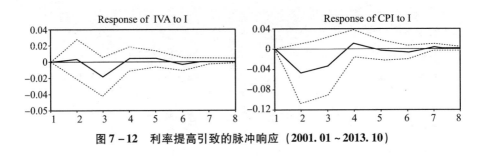

图 7-12　利率提高引致的脉冲响应（2001.01~2013.10）

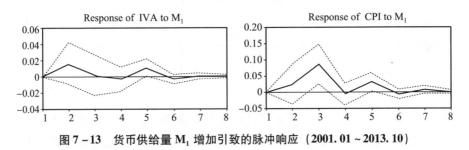

图 7-13　货币供给量 M_1 增加引致的脉冲响应（2001.01~2013.10）

　　货币供给量和利率对产出和价格水平的脉冲响应基本稳健，但货币供给量对实际产出和价格水平的冲击存在驼峰现象。与 HTVPVAR 模型的脉冲响应结果相比，在部分样本内两模型的脉冲响应类似，但在一些样本内存在较大的差异。为进一步检验利率和货币供给量冲击对实际产出和价格水平的脉冲响应是否存在结构性变化，本章结合银行间市场扩容、银行间拆借市场上线交易时间和 HTVPVAR 模型的检验结果，将样本拆分为两部分：2001.01 ~ 2006.12 与 2007.01 ~ 2013.10。图 7 – 14a ~ 图 7 – 15b 给出了中介目标变量的冲击对实际产出和价格水平的脉冲响应。从图 7 – 14a 和 7 – 14b 可以看出，利率冲击对实际产出的脉冲响应发生了结构性变化，在第一段样本内，利率对实际产出具有长期中性的特点，随着我国利率市场化的逐步推进，在第二段样本内，紧缩性货币政策对实际产出和价格水平的负向影响增强，这一结果与经典经济学理论相一致。从图 7 – 15a 和图 7 – 15b 可以看出，货币供给量 M_1 的冲击对实际产出表现出长期中性特征，对价格水平呈现出正向冲击，且在第二段样本内，货币供给量 M_1 的冲击对价格水平影响的不稳定性增加，这与经验事实、相关理论和 HTVPVAR 模型的检验结果基本相符。

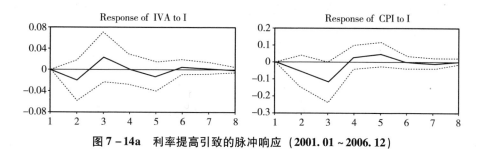

图 7 –14a　利率提高引致的脉冲响应（2001.01 ~ 2006.12）

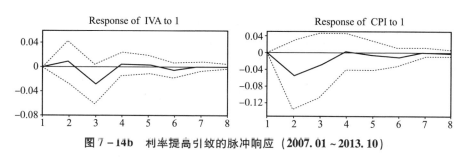

图 7 –14b　利率提高引致的脉冲响应（2007.01 ~ 2013.10）

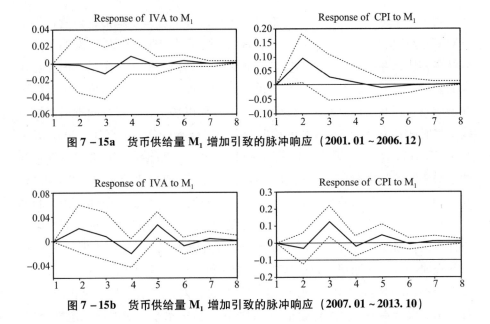

图 7 – 15a　货币供给量 M₁ 增加引致的脉冲响应（2001. 01 ~ 2006. 12）

图 7 – 15b　货币供给量 M₁ 增加引致的脉冲响应（2007. 01 ~ 2013. 10）

上述结果一方面说明了应用异方差的时变参数模型进行估计检验是合适的；另一方面也显示出 VAR 模型未能反映货币政策对最终目标的效应存在的结构性变化，而主观划分检验区间可能存在主观判断错误，这凸显了本章构建的 HTVPVAR 模型的稳健性和优越性。

7.6　结论与政策建议

本书在 DSGE 模型框架下，通过家庭和企业部门的一阶最优化，推导出由前瞻后顾的动态 IS 曲线、双价格粘性的新凯恩斯菲利普斯曲线、货币需求曲线和泰勒规则组成的动态随机一般均衡模型系统。选取 2001 年第 1 季度 ~ 2016 年第 4 季度的总产出、CPI、M1 和 7 天期银行间拆解利率为观测变量，用贝叶斯方法估计模型参数，在验证模型能够很好匹配观测变量的数据特征后，比较分析了货币供给冲击和利率冲击对总产出和价格水平波动的影响，以此揭示是货币供给还是利率更适合作为中国的货币政策工具。

脉冲响应分析表明，相较于数量型货币政策，价格型货币政策冲击对总产出和通货膨胀的脉冲响应具有较长的持续性和一致性：利率增加分别对总产出和通货膨胀具有持续 2 季度和 3 季度的负向冲击，且分别在第 4 季度和第 5 季度调整至稳态水平，而数量型货币政策冲击对总产出和通货膨胀影响的持续期较短，且具有明显的不一致性，这可能使数量型货币政策对经济影响的滞后效应脱离中央银行调控的初衷。历史拆解分析显示，利率冲击是总产出和通货膨胀波动的重要影响因素，且高于货币供给冲击对观测变量波动的贡献程度，在短期（1 个季度），利率冲击对总产出和通货膨胀波动的贡献程度分别为 56.2% 和 21.3%。历史拆解分析表明，在 2007 年第 1 季度 ~ 2016 第 4 季度的样本区间内，相较于货币供给冲击的推动作用，利率对总产出和通货膨胀变动的推动作用更大。在"新常态"下，经济增长面临较大下行压力，而利率冲击在推动总产出增加中发挥了重要作用。在 2015 年第 1 季度 ~ 2016 年第 4 季度的样本区间内，利率冲击的平滑值仅在 2015 年的第 1 季度和第 4 季度为负，且利率冲击的平滑值明显大于货币供给冲击的平滑值，即利率冲击在推动总产出的增长中发挥重要作用。同时，利率冲击也是推动通货膨胀变动的重要影响因素。上述分析表明，随着中国利率市场化的逐步推进，利率在一定程度上已可以作为货币政策调控总产出和通货膨胀的政策工具，而数量型货币政策调控目标变量的有效性、持续性和一致性较差，这也与戴晓兵（2013）所得出的利率能够影响总产出和价格水平的结论一致。

本章的结论对于货币政策实践是有意义的，表明随着我国金融市场改革的逐步推进，我国已初步建立起以银行间拆借利率为代表的短期利率体系，中央银行货币政策的独立性日益增强，利率在货币政策制定和宏观调控中的作用日益凸显，以利率作为我国货币政策的中介目标是大势所趋，也是自 20 世纪 90 年代之后世界多数国家中央银行的选择。随着我国利率市场化的改革，利率对实际产出和价格水平的影响与经济学理论越来越相一致，利率在宏观调控中发挥了重要的作用，已显示出在调控通货膨胀刺激经济增长方面的效力，这与任杰和尚友芳（2013）得出的利率作为我国货币政策中介目标的条件优势上升，并逐渐成熟的观点相一致。这就要求中央银行在实施紧缩性货币政策时，可更多地利用价格型货币政策，这是因为与数量型货币政策相比，价格型货币政策对实际产山和价格水平的影响较稳定，以对最终日标影响稳定的经济变量作为中介目标更易于调控。就数量型工具而言，财政政策引致的贷款倒逼机制、强制结汇制度引致的基础货币被动投放、金融创新引发的货币需求变动、政府部门对银行体系的有效控制，以及以银行部门为核心的金融体系等因素，使得基础货币具有较强的内生性（江曙霞等，2009），这使得中央银行控制货币供给的能力受到限制，也使得数量型货币政策调控实际产出和价格水平的精确度和效果难以保证，很有可能出现政策"超调"，这不仅降低了中央银行宏观调控的成效，还增加了宏观调控的成本，显示出货币供给量在一定程度上已无法有效地作为中央银行货币政策的综合性指标。因此，中央银行应加快利率市场化进程，并更灵活、更频繁的利用利率这一价格工具，让利率发挥更大作用。上述结论还要求我们在制定反通胀政策时，必须加强通胀预期的管理与引导，同时要注意权衡控制通胀与保持经济增长之间的利害取舍，历史上的各国典型事实也告诉我们，实施严厉的反通胀货币政策将导致经济严重下滑，但在经济增长下行和通胀预期减弱的当前阶段，本章的结论支持中央银行将政策的重心放在经济增长上。本章的研究可以为我国未来货币政策的框架提供参照尺度，有助于维护宏观经济的稳定。

| 第 8 章 |
结论与展望

8.1 主 要 结 论

货币政策是影响我国实体经济的重要因素，也是中央银行进行宏观调控的重要操作工具。本研究在对相关文献进行回顾和评述的基础上，对我国货币政策效应的理论和实证问题做了研究。本书的结论如下。

结论 1：由货币政策冲击的脉冲响应显示，提高利率能够抑制实际产出增长、投资过热和信贷余额的增加，货币政策的传导存在需求渠道效应，但紧缩性货币政策对通货膨胀存在短期的正向脉冲响应，并最终回复到稳态水平，这与许伟和陈斌开（2009）、彭方平和连玉君（2011）、周建和况明（2015）的研究所得出的短期加息可能会引发我国通货膨胀的结论相一致。方差分解表明，货币政策是实际产出、通货膨胀和固定资产投资变化的重要驱动因素，且对固定资产投资的影响具有长期性。货币政策对当期和短期的信贷余额变化影响较弱，但货币政策是信贷余额中长期变化的重要驱动因素，且信贷渠道的畅通程度对我国货币政策调控效果的影响较大。历史拆解表明，宽松性货币政策是次贷危机时期我国实际产出恢复的重要驱动因素。在样本末期，货币政策对实际产出和固定资产投资显现出不利的负向冲击，但仍然对通货膨胀显现出正向驱动作用，为防止经济增长出现过度放缓，以及陷入"中等国家收入陷阱"威胁的存在，从货币政策短期反景气循环的角度，中央银行应尽快对经济增速和固定资产投资下降做出政策反应，但应注意观察通货膨胀的变化。

结论2：在不同经济周期下，我国货币政策对宏观经济和金融市场的基本面和代表性变量的效应存在时变特征，且因货币政策调整所引发的基本面间的结构性变化和风险传染在货币政策的效应传导中的作用，在次贷危机时期和后期强于次贷危机前期，即在这一时期金融市场在货币政策传导中的作用增强。货币政策调整对某一经济变量的效应，不仅依赖于货币政策对该变量的直接影响，还依赖于其他经济变量对货币政策调整的回馈效应。以宏观经济的代表性变量为对象的实证研究显示，货币政策对宏观经济的代表性变量存在时变平滑区制非对称效应，其效应不仅依赖于货币政策的强度和方向，还依赖于宏观经济变量所处的区制，以及周期联动在货币政策的效应传导中的作用。因此，鉴于金融市场状况和周期联动对货币政策的宏观调控成效发挥重要的作用，在继续将经济增长和价格水平稳定作为我国货币政策最终目标的同时，应优化和拓展货币政策框架，充分利用金融市场、固定资产投资、房地产市场等隐含的信息，进而延伸货币政策宏观调控的宽度，这有助于增强货币政策的理论效力。

结论3：理论模型的推导结果显示，在货币政策的传导机制中，货币政策向银行风险承担的传导，存在以银行的资本水平为门限变量的门限非对称性：当银行的资本水平 k 大于某一资本水平 k_0 时，利率增加，银行的风险承担降低；当 k 小于资本水平 k_0 时，利率增加，银行的风险承担增加。在完全竞争市场结构的假设下，银行监督贷款的努力程度随货币政策利率的提高而增加，但在垄断市场结构的假设下，货币政策利率增加，银行的风险承担也随之增加。本书进一步依据理论模型的推导结果构建了以银行的资本水平为门限变量的 PTR 模型，实证检验显示，我国货币政策向银行风险承担的传导取决于银行资本状况，存在门限非对称性，且银行风险承担水平对信贷余额存在负向影响，这也使得我国货币政策通过风险承担渠道对银行信贷余额的效应存在非对称性，由此引发的金融机构信贷供给减少将对实体经济的运行造成影响。因此，在中央银行有效实施货币政策调控宏观经济的基础上，应赋予中央银行资本调节的手段，但这种调节不是一味地逆周期资本调节或顺周期资本调节，而是依据实证检验得到的资本水平的"门限值"调节资本，以抵消货币政策通过风险承担渠道对信贷供给和实体经济带来的副作用。这也使得仅仅依赖宽松货币政策刺激经济增长已不能满足宏观审慎政策的要求，应关注宽松性货币政策可能带来的银行系统风险承担的增加，以及增加的风险承担给银行的信贷供给能力造成的不利冲击，这也是次贷危机给予我们的一个深刻教训。

结论 4：本书在 DSGE 模型框架下，通过家庭和企业部门的一阶最优化，推导出由前瞻后顾的动态 IS 曲线、双价格粘性的新凯恩斯菲利普斯曲线、货币需求曲线和泰勒规则组成的动态随机一般均衡模型系统。用贝叶斯方法估计模型参数，在验证模型能够很好匹配观测变量的数据特征后，比较分析了货币供给冲击和利率冲击对总产出和价格水平波动的影响，以此揭示是货币供给还是利率更适合作为中国的货币政策工具。脉冲响应分析表明，相较于数量型货币政策，价格型货币政策冲击对总产出和通货膨胀的脉冲响应具有较长的持续性和一致性：利率增加分别对总产出和通货膨胀具有持续 2 季度和 3 季度的负向冲击，且分别在第 4 季度和第 5 季度调整至稳态水平，而数量型货币政策冲击对总产出和通货膨胀影响的持续期较短，且具有明显的不一致性，这可能使数量型货币政策对经济影响的滞后效应脱离中央银行调控的初衷。历史拆解分析显示，利率冲击是总产出和通货膨胀波动的重要影响因素，且高于货币供给冲击对观测变量波动的贡献程度，在短期（1 个季度），利率冲击对总产出和通货膨胀波动的贡献程度分别为 56.2% 和 21.3%。历史拆解分析表明，在 2007 年第 1 季度 ~2016 第 4 季度的样本区间内，相较于货币供给冲击的推动作用，利率对总产出和通货膨胀变动的推动作用更大。在"新常态"下，经济增长面临较大下行压力，而利率冲击在推动总产出增加中发挥了重要作用。在 2015 年第 1 季度 ~2016 年第 4 季度的样本区间内，利率冲击的平滑值仅在 2015 年的第 1 季度和第 4 季度为负，且利率冲击的平滑值明显大于货币供给冲击的平滑值，即利率冲击在推动总产出的增长中发挥重要作用。同时，利率冲击也是推动通货膨胀变动的重要影响因素。上述分析表明，随着中国利率市场化的逐步推进，利率在一定程度上已可以作为货币政策调控总产出和通货膨胀的政策工具，而数量型货币政策调控目标变量的有效性、持续性和一致性较差。稳健性检验表明，本章构建的一般均衡模型系统是适合我国经济体的结构特征的，且宽松性数量型货币政策对实际产出和价格水平效应的稳定性不如价格型货币政策对应的效应，其调控实际产出和价格水平的成效难以保证，这可能在宏观经济形势发生扭转时导致货币政策与现实经济形势相背离，从而脱离中央银行调控的初衷，显示出货币供给量在一定程度上已无法有效地作为中央银行货币政策的综合性指标。上述结论还要求我们在制定反通胀政策时，要注意权衡控制通胀与保持经济增长之间的利害取舍，防范反通胀货币政策所可能导致的经济严重下滑，但在经济增长下行和通胀预期减弱的当前阶段，本章的结论支持中央银行将政策的重心放在经济增长上。

8.2　本书的主要创新点

本书的创新主要体现为以下四点。

第一，为分析货币政策对我国实际产出等观测变量的效应，将企业对股权融资和债权融资的内生选择、金融摩擦和信贷市场的冲击等金融因素，引入构建的含有银行部门等经济主体的 DSGE 模型，使之更符合我国经济运行的一般特征；本书还开创性的将银行间拆借利率通过银行内部转移定价与银行间债券回购利率、存贷款利率建立联系，对定量分析以银行间拆借利率为中介目标的货币政策效应提供了一个可行的理论框架。国内应用 DSGE 模型研究我国货币政策的效应时，或假设银行部门中性，或忽视银行部门的投资组合选择、金融摩擦、信贷市场冲击等因素对 DSGE 模型估计结果的影响，从而使得对我国货币政策宏观经济效应的研究很难发现新问题。就分析结果而言，由贝叶斯估计得到的模型不仅能够很好的匹配观测变量的数据特征，且从多个指标对模型有效性的检验证实了模型具有较高的可信度，并给出了我国货币政策对实际产出等观测变量的脉冲响应及其历史影响程度和方向。目前将上述经济金融因素全部纳入 DSGE 模型对我国货币政策宏观经济效应的研究还较少，本研究在这一领域进行了有益的探索。

第二，在理论分析的基础上，本书首先应用时变增广向量自回归（TV-FAVAR）模型，通过主成分分析方法将宏观经济和金融市场的整体信息纳入模型，应用卡尔曼滤波估计方法，估计经济基本面间存在的结构性变化和风险传染在货币政策的效应传导中的作用，从经济周期视角对我国货币政策效应的时变特征做了分析，从而避免了因信息遗漏或主观划分结构性变化区间所可能造成的偏误；在此基础上，通过在马尔科夫区制转换模型中引入时变平滑的区制转换函数，研究了货币政策对我国宏观经济核心变量的时变平滑区制非对称效应，这一拓展将区制转换由随机跳跃间断修正为时变平滑的转换过程，使之与货币政策的效应在不同区制内是一个逐渐变化的过程相适应，更易于对变量及变量间的区制转换做出经济学的解释。从经济周期视角，运用上述模型分析我国货币政策效应的时变特征，在相关文献中还特别少，本研究为国内相关领域的研究提供了新的思路和方法，具有一定的创新意义。

第三，通过放松已有理论模型的约束条件，将存款保险制度、贷款抵押担保制度和市场结构引入理论模型，充分考虑了货币政策向银行风险承担的传导，可能会因银行的风险转移效应和组合配置效应具有相反的作用方向而存在非对称性，进而探讨了我国货币政策的传导机制，并依据理论模型的推导结果构建了以银行的资本水平为门限变量的 PTR 模型，实证检验了我国货币政策向银行风险承担传导的非对称性，以及风险承担对信贷余额产生的效应。本研究有别于以往将金融机构作为一层面纱的简化处理，即金融结构的变化不会对宏观经济带来影响（MM 定理），或将研究仅局限在货币政策对金融机构风险承担的影响上，而是将研究的重心放在货币政策通过银行风险承担对信贷余额的影响上，从而使本研究涵盖一个较为完整的货币政策传导路径，这对剖析货币政策通过风险承担渠道影响我国经济以及指导宏观审慎政策的制定和实施具有重要意义。

第四，在动态随机一般均衡（DSGE）模型框架下，由家庭和企业的最优化问题得到由前瞻后顾的动态 IS 曲线、货币需求曲线以及双价格粘性的新凯恩斯菲利普斯曲线组成的一般均衡模型系统，检验货币对经济产生影响的途径，考察利率和货币供给量对产出和价格水平产生的影响。在此基础上，通过异方差的时变参数向量自回归（HTVPVAR）模型的时变方差分解和脉冲响应，检验一般均衡模型系统估计结果的稳健性，并比较分析不同中介目标效应的有效性、强度和持续时间的差异，以此判断货币政策的不同中介目标宏观调控的成效。由该动态随机一般均衡模型推导出的含有产出和通胀内生持续（前瞻后顾）的一般均衡模型系统，将用于宏观经济分析的模型系统推广到了更一般的形式，从根本上保证了宏观经济分析与微观经济分析的一致性，避免了模型结构设定和变量选择的随意性，符合主流的宏观经济建模要求，且利用结构性模型对上述问题进行剖析有助于我们在复杂的现象中抓住问题的本质所在，从而为解决问题找到便捷和有效的途径。本章用于稳健性检验的 HTVPVAR 模型充分考虑了我国经济可能存在的结构性、非预期冲击带来的异方差性。本研究在方法论方面具有一定的创新意义，是进一步理论研究的基础。

8.3　政　策　建　议

货币政策作为我国宏观经济政策的重要组成部分，在经济运行进入"新常态"的背景下，本书对货币政策效应的研究具有重要的政策意涵。依据本书的理论分析和实证结论，得出以下政策建议。

第一，次贷危机所引发的不利金融冲击，使得企业的信贷约束增强，造成信贷余额、固定资产投资和实际产出明显低于趋势水平，即金融加速器效应可能会放大其对经济的不利影响。这也使得以价格稳定为单一目标的货币政策已不能确保经济的持续稳定增长，因此，货币政策应发挥积极作用，主动应对金融加速器效应对经济造成的不利影响，以维护经济金融的稳定。

第二，当今我国经济运行已进入"新常态"，经济结构调整和发展方式的转变是我国经济面临的核心问题。在此背景下，中央银行应处理好货币政策与经济结构调整和转型升级之间的关系，为转型升级和结构调整创造中性适度的经济金融环境。中央银行应依据货币政策在不同经济金融状态下的效应，把货币政策的宏观调控目标与深化改革相结合，根据宏观经济形势的变化适时调整货币政策的执行力度和节奏。因此，中央银行在制定和实施货币政策时，应全面分析货币政策调整对经济目标的时变效应，以及由此引发的经济变量间的联动在货币政策的效应传导中的作用，把短期宏观调控与长期经济增长相结合，既要防止经济惯性下滑，也要防止过度"注水"固化经济结构，注重松紧适度，适时适度预调微调。

第三，从中央银行法规定的货币政策的最终目标来看，"保持货币币值稳定，并以此促进经济增长"，其本身就赋予了货币政策多目标的要求，与美国等发达经济体所倡导的维护币值稳定作为单一目标相比，我国货币政策的执行难度增加，常常因"保增长"的要求而受到掣肘。在"新常态"下，如何提升货币政策定向调控的针对性和有效性，必然给中央银行货币政策中介目标的选择带来较大地困难。中央银行在制定反通胀政策时，要注意权衡控制通胀与保持经济增长之间的利害取舍，历史上的各国典型事实已告诉我们，实施严厉的反通胀货币政策将导致经济严重下滑，但在经济增长下行和通胀预期减弱的当前阶段，本书的结论支持中央银行将政策的重心放在经济增长上。

第四，利率渠道发挥作用的前提是利率的市场化。从成熟经济体的经验来看，随着金融市场和市场经济的发展，数量型货币政策工具对经济活动的调节成效渐趋减弱，选择利率作为货币政策的中介目标是未来货币政策操作发展的主要方向，本书的实证结果也显示银行间拆借利率对最终经济目标存在显著的效应。但若选择利率作为价格型货币政策的工具，还需进一步推进我国利率市场化的进程。具体而言，可逐步取消对存贷款利率的管制，稳步推进存贷款利率的市场化，理顺再贴现率、货币市场利率、存贷款利率等在内的利率体系，并积极推进利率衍生品和债券市场的发展，完善利率期限结构。

第五，2007 年爆发的次贷危机凸显了金融系统失灵对实体经济带来的巨大冲击，美国次贷危机爆发的一个显著特点就是系统性风险，该风险来源于整个金融系统过高的风险承担和杠杆率等，这也使得对单个金融机构的微观审慎监管已不能有效的控制系统性风险。通过回顾历次爆发的金融危机我们不难发现都存在一些共同的特点，即存在过度的风险承担、信贷扩张以及资产价格攀升。各国学者和监管机构已普遍意识到，在加强对金融机构个体微观审慎监管的同时，还应加强对整个金融系统稳定的宏观审慎监管。

8.4　本书的不足和有待进一步研究的问题

本书从理论和实证两个层面，对我国货币政策的效应做了研究，虽然取得了一些有意义的研究成果，但在研究的过程中也发现了一些不足，可作为未来进一步研究的问题。

第一，本书构建的 NK – DSGE 模型能够捕捉到观测变量的特征，且有效性检验显示该模型具有较高的可信度，在未来的研究中，结合我国产业升级和结构转型，将企业创新引入本书构建的 DSGE 模型。

第二，本研究第 5 章从经济周期视角对我国货币政策效应的时变特征做了研究。在以后的研究中，对我国货币政策在区域和产业等层面上的效应是否存在时变特征做进一步的研究。

第三，本研究第 6 章对我国货币政策风险承担渠道的存在性，以及货币政策通过风险承担渠道对信贷余额的影响进行了研究。至于如何在金融稳定与产出和价格水平之间求得平衡而不顾此失彼，如何运用适宜的货币政策防范金融失衡，以及如何运用货币政策抵御信贷泡沫等问题，还有待进一步深入探究。

第四，本研究以银行间拆借利率和货币供给量 M_1 作为我国货币政策的中介目标，对我国货币政策的效应做了检验，在未来的研究中，将依据本书的研究结论，探讨我国最优货币政策的选择。

参考文献

［1］卞志村，孙俊. 开放经济背景下中国货币财政政策的非对称效应
［J］. 国际金融研究，2012（8）：4-15.

［2］卞志村. 泰勒规则的实证问题及在中国的检验［J］. 金融研究，
2006（8）：56-69.

［3］蔡彤娟，张晓延，杨崇兵. 利率市场化改革背景下我国货币政策中
介目标的选择——基于 SVAR 模型的实证分析［J］. 宏观经济研究，2014：
85-98.

［4］曹永琴，李泽祥. 中国货币政策效应非对称性的实证研究［J］. 经
济评论，2007（6）：97-101.

［5］陈飞，赵昕东，高铁梅. 我国货币政策工具变量效应的实证分析
［J］. 数量经济技术经济研究，2002：25-30.

［6］陈汉鹏，戴金平. Shibor 作为中国基准利率的可行性研究［J］. 管理
世界，2014（10）：37-46.

［7］陈汉鹏，戴金平. 货币在中国货币政策调控中的作用［J］. 广东社
会科学，2015：14-22.

［8］陈继勇，袁威，肖卫国. 流动性、资产价格波动的隐含信息和货币
政策选择——基于中国股票市场与房地产市场的实证分析［J］. 经济研究，
2013（11）：43-55.

［9］陈建斌，龙翠红. 中国货币状况指数的构建及对货币政策效果的验
证［J］. 当代财经，2006：31-37.

［10］陈浪南，田磊．基于政策工具视角的我国货币政策冲击效应研究［J］．经济学（季刊），2015（14）：285－304.

［11］陈平，张宗成．股票市场对货币政策传导机制影响的实证研究——基于脉冲响应函数和方差分解的技术分析［J］．南方金融，2008（6）：13－25.

［12］陈守东，王妍，唐亚晖．我国金融不稳定性及其对宏观经济非对称影响分析［J］．国际金融研究，2013（6）：56－66.

［13］程波，庄媛媛．房地产收益率与通货膨胀率的相关性研究——基于对我国房地产周期波动过程的考察［J］．软科学，2012，26（2）：57－60.

［14］储著贞．货币政策成本渠道与央行最优货币政策研究［D］．暨南大学，2012.

［15］戴金平，陈汉鹏．中国的利率调节，信贷指导与经济波动——基于动态随机一般均衡模型的分析［J］．金融研究，2013（11）：1－14.

［16］戴金平，陈汉鹏．中国利率市场化中基准利率的选择——Shibor作为基准利率的可行性研究［J］．财经科学，2013（10）：1－10.

［17］戴晓兵．利率市场化、利率敏感性与货币政策中介目标选择［J］．金融论坛，2013（8）：55－61.

［18］邓永亮，李薇．汇率波动、货币政策传导渠道及有效性——兼论"不可能三角"在我国的适用性［J］．财经科学，2010：1－9.

［19］段忠东．房地产价格与通货膨胀、产出的非线性关系——基于门限模型的实证研究［J］．金融研究，2012（8）：84－96.

［20］范从来．论货币政策中间目标的选择［J］．金融研究，2004：123－129.

［21］方意，赵胜民，谢晓闻．货币政策的银行风险承担分析——兼论货币政策与宏观审慎政策协调问题［J］．管理世界，2012（11）：9－19.

［22］封思贤．货币供应量作为我国货币政策中介目标的有效性分析［J］．中国软科学，2006（5）：39－48.

［23］冯春平．货币供给对产出与价格影响的变动性［J］．金融研究，2002：18－25.

［24］冯科，何理．我国银行上市融资、信贷扩张对货币政策传导机制的影响［J］．经营管理者，2015（1）：51－62.

［25］国家统计局中国经济景气监测中心、中国人民大学经济学院联合课题组．通货膨胀、投资与经济增长——关于宏观调控背景的计量分析［J］．管理世界，2004（9）：5－12．

［26］贺聪，项燕彪，陈一稀．我国均衡利率的估算［J］．经济研究，2013（8）：107－119．

［27］胡志鹏．中国货币政策的价格型调控条件是否成熟？——基于动态随机一般均衡模型的理论与实证分析［J］．经济研究，2012（6）：60－72．

［28］江春，刘春华．货币政策的利率效应：来自中国过去20年的实证［J］．广东金融学院学报，2006（21）：18－26．

［29］江曙霞，陈玉婵．货币政策，银行资本与风险承担［J］．金融研究，2012（4）：1－16．

［30］江曙霞，江日初，吉鹏．麦克勒姆规则及其中国货币政策检验［J］．金融研究，2009（5）：35－47．

［31］姜再勇，钟正生．我国货币政策利率传导渠道的体制转换特征——利率市场化改革进程中的考察［J］．数量经济技术经济研究，2010：62－77．

［32］蒋海，储著贞．紧缩性货币政策冲击、成本渠道与通货膨胀——来自中国的检验［J］．金融研究，2011（9）：27－41．

［33］蒋瑛琨，刘艳武，赵振全．货币渠道与信贷渠道传导机制有效性的实证分析——兼论货币政策中介目标的选择［J］．金融研究，2005：70－79．

［34］金鹏辉，张翔，高峰．银行过度风险承担及货币政策与逆周期资本调节的配合［J］．经济研究，2014（6）：73－85．

［35］李斌．中国货币政策有效性的实证研究［J］．金融研究，2001：10－27．

［36］李连发，辛晓岱．银行信贷，经济周期与货币政策调控：1984～2011［J］．经济研究，2012，3（10）：2－14．

［37］李松华．基于DSGE模型的中国货币政策传导机制研究［D］．华中科技大学博士学位论文，2010．

［38］李雪松，王秀丽．工资粘性，经济波动与货币政策模拟——基于DSGE模型的分析［J］．金融研究，2011，34（4）·54－64．

［39］林黎，任若恩．中国的最优化动态IS－LM模型构建与应用［J］．

数量经济技术经济研究, 2007, 24 (2): 27 –36.

[40] 刘斌. 货币政策冲击的识别及我国货币政策有效性的实证分析 [J]. 金融研究, 2001, 4 (7): 1 –9.

[41] 刘斌. 稳健的最优简单货币政策规则在我国的应用 [J]. 金融研究, 2006 (4): 12 –23.

[42] 刘金全, 刘兆波. 我国货币政策的中介目标与宏观经济波动的关联性 [J]. 金融研究, 2008: 37 –47.

[43] 刘金全, 郑挺国. 我国货币政策冲击对实际产出周期波动的非对称影响分析 [J]. 数量经济技术经济研究, 2006, 23 (10): 3 –14.

[44] 刘兰凤, 袁申国. 中国经济金融加速器效应的 DSGE 模型分析 [J]. 南方经济, 2012 (8): 2 –14.

[45] 刘明志. 货币供应量和利率作为货币政策中介目标的适用性 [J]. 金融研究, 2006 (1): 51 –63.

[46] 刘维奇, 邢红卫, 张云. 利率调整对股票市场的传导效应分析 [J]. 山西大学学报 (哲学社会科学版), 2012: 1 –20.

[47] 刘伟. 经济发展的特殊性与货币政策的有效性 [J]. 经济研究, 2011 (10): 20 –21.

[48] 刘晓欣, 王飞. 中国微观银行特征的货币政策风险承担渠道检验——基于我国银行业的实证研究 [J]. 国际金融研究, 2013 (9): 75 –88.

[49] 吕光明. 中国货币政策的宏观经济效应——基于不同中介目标 SVAR 模型的比较分析 [J]. 财经问题研究, 2012: 48 –54.

[50] 马文涛. 货币政策的数量型工具与价格型工具的调控绩效比较——来自动态随机一般均衡模型的证据 [J]. 数量经济技术经济研究, 2011 (10): 92 –110.

[51] 毛泽盛, 周志敏. 货币渠道与信贷渠道的比较研究——基于 1994 年至 2011 年季度数据 [J]. 南京审计学院学报, 2012 (9): 16 –22.

[52] 牛晓健, 裘翔. 利率与银行风险承担——基于中国上市银行的实证研究 [J]. 金融研究, 2013 (4): 15 –28.

[53] 欧阳志刚, 王世杰. 我国货币政策对通货膨胀与产出的非对称反应 [J]. 经济研究, 2009 (9): 27 –37.

［54］彭方平，连玉君. 我国货币政策的成本效应——来自公司层面的经验证据［J］. 管理世界，2011（12）：27－33.

［55］彭红枫，鲁维洁. 中国金融市场基准利率的选择研究［J］. 管理世界，2010（11）：166－177.

［56］任杰，尚友芳. 我国货币政策中介目标是否应改变为利率——基于扩展的普尔分析的实证研究［J］. 宏观经济研究，2013：23－31.

［57］宋芳秀. 中国利率作用机制的有效性与利率调控的效果——兼论利率不宜作为当前我国货币政策调控目标［J］. 经济学动态，2008（2）：55－59.

［58］宋立. 完善我国货币政策传导机制的思路与建议［J］. 经济研究参考，2003（13）：5－31.

［59］孙俊. 货币政策转向与非对称效应研究［J］. 金融研究，2013（6）：60－73.

［60］仝冰. 货币，利率与资产价格——基于DSGE模型分析和预测［D］. 博士学位论文，2010.

［61］汪川，黎新，周镇峰. 货币政策的信贷渠道：基于"金融加速器模型"的中国经济周期分析［J］. 国际金融研究，2011（1）：35－43.

［62］王立勇，张代强，刘文革. 开放经济下我国非线性货币政策的非对称效应研究［J］. 经济研究，2010（9）：4－16.

［63］王耀青，金洪飞. 利率市场化、价格竞争与银行风险承担［J］. 经济管理，2014（5）：93－103.

［64］王云清. 中国经济波动问题的数量分析［D］. 上海交通大学，2013.

［65］王振山，王志强. 我国货币政策传导途径的实证研究［J］. 财经问题研究，2000：60－73.

［66］王志强，王雪标. 中国商品期货价格指数与经济景气［J］. 世界经济，2001：69－73.

［67］夏斌，廖强. 货币供应量已不宜作为当前我国货币政策的中介目标［J］. 经济研究，2001（8）：33－43.

［68］邢毓静，朱元倩，巴曙松. 从货币政策规则看中国适度宽松货币政策的适时退出［J］. 金融研究，2009（11）：49－59.

[69] 徐高. 基于动态随机一般均衡模型的中国经济波动数量分析 [D]. 北京大学博士论文，2008.

[70] 徐明东，陈学彬. 货币环境，资本充足率与商业银行风险承担 [J]. 金融研究，2012 (7)：48-62.

[71] 许伟，陈斌开. 银行信贷与中国经济波动：1993~2005 [J]. 经济学 (季刊)，2009，8 (3)：969-994.

[72] 鄢莉莉，王一鸣. 金融发展，金融市场冲击与经济波动——基于动态随机一般均衡模型的分析 [J]. 金融研究，2012 (12)：82-95.

[73] 姚余栋，谭海鸣. 通胀预期管理和货币政策——基于"新共识"宏观经济模型的分析 [J]. 经济研究，2013 (6)：45-57.

[74] 张伟进，方振瑞. 金融冲击与中国经济波动 [J]. 南开经济研究，2013 (5)：1-13.

[75] 张晓慧. 关于资产价格与货币政策问题的一些思考 [J]. 金融研究，2009 (7)：1-6.

[76] 张雪兰，何德旭. 货币政策的风险承担渠道：传导路径、不对称性与内在机理 [J]. 金融评论，2012：71-81.

[77] 张雪兰，何德旭. 货币政策立场与银行风险承担——基于中国银行业的实证研究 (2000~2010) [J]. 经济研究，2012 (5)：31-44.

[78] 张雪莹，宿玉海. 基于 DSGE 模型的央行回购操作宏观效应分析 [J]. 经济与管理评论，2014 (6)：115-121.

[79] 赵进文，闵捷. 央行货币政策操作效果非对称性实证研究 [J]. 经济研究，2005 (2)：26-34.

[80] 郑挺国，刘金全. 我国货币——产出非对称影响关系的实证研究 [J]. 经济研究，2008 (1)：4-20.

[81] 周建，况明. 中国宏观经济动态传导、可靠性及货币政策机制 [J]. 经济研究，2015 (2)：31-46.

[82] 周祥，孔刘柳. 我国货币政策工具对房地产价格的冲击影响研究——基于 Markov 区制转换 VAR 模型的实证研究 [J]. 价格理论与实践，2013 (7)：68-69.

[83] 周炎，陈昆亭. 利差，准备金率与货币增速——量化货币政策效

率的均衡分析 [J]. 经济研究, 2012 (7): 22 - 34.

[84] 朱新蓉, 李虹含. 货币政策传导的企业资产负债表渠道有效吗——基于 2007~2013 年中国数据的实证检验 [J]. 金融研究, 2013: 15 - 27.

[85] Abel A B, Eberly J C. A Unified Model Of Investment under Uncertainty [J]. Am Econ Rev, 1994, 84 (5): 1369 - 1384.

[86] Adrian T, Shin H S. Prices and quantities in the monetary policy transmission mechanism [J]. general information, 2009, 5 (4): 131 - 142.

[87] Allen F, Gale D. Bubbles and crises [J]. Bank of England, 2000, 110 (460): 236 - 255.

[88] Altunbas Y, Gambacorta L, Marques - Ibanez D. Do bank characteristics influence the effect of monetary policy on bank risk? [J]. Economics Letters, 2012, 117 (1): 220 - 222.

[89] Altunbas Y, Manganelli S, Marques - Ibanez D: Bank risk during financial crisis do business models matter [R]. European Central Bank Working Paper, 2011.

[90] Arellano C. Default risk and income fluctuations in emerging economies [J]. The American Economic Review, 2008: 690 - 712.

[91] Bagliano F C, Favero C A. Measuring Monetary Policy with VAR Models: An Evaluation [J]. European Economic Review, 1997, 42 (6): 1069 - 1112.

[92] Bai C - E, Qian Z. The factor income distribution in China: 1978—2007 [J]. China Economic Review, 2010, 21 (4): 650 - 670.

[93] Bai J, Ng S. Confidence intervals for diffusion index forecasts with a large number of predictors [J]. Econometrica, 2006, 74 (4): 1133 - 1150.

[94] Ball L, Mankiw N G. Asymmetric Price Adjustment And Economic Fluctuations [J]. Social Science Electronic Publishing, 1994, 104 (423): 247 - 261.

[95] Ball L, Romer D. Real rigidities and the non-neutrality of money [J]. The Review of Economic Studies, 1990, 57 (2): 183 - 203.

[96] Batini N, Justiniano A, Levine P, et al. Robust Inflation - Forecast - Based Rules to Shield against Indeterminacy [J]. Journal of Economic Dynamics &

Control, 2004, 30 (18): 1491 – 1526.

[97] Berlemann M, Hielscher K. Output sensitivity of monetary policy and macroeconomic performance [J]. Applied Economics Letters, 2012, 19 (15): 1505 – 1509.

[98] Bernanke B S, Blinder A S. Credit, Money, and Aggregate Demand [J]. Am Econ Rev, 1988, 78 (2): 435 – 449.

[99] Bernanke B S, Blinder A S. Credit, money, and aggregate demand [M]. National Bureau of Economic Research Cambridge, Mass. , USA. 1989.

[100] Bernanke B S, Blinder A S. The federal funds rate and the channels of monetary transmission [J]. Am Econ Rev, 1992, 82 (4): 901 – 921.

[101] Bernanke B S, Boivin J, Eliasz P. Measuring the effects of monetary policy: A Factor – Augmented Vector Autoregressive (FAVAR) Approach [J]. The Quarterly Journal of Economics, 2005, 120 (1): 387 – 422.

[102] Bernanke B S, Carey K. Nominal wage stickiness and aggregate supply in the Great Depression [J]. The Quarterly Journal of Economics, 1996, 111 (3): 853 – 883.

[103] Bernanke B S, Gertler M, Gilchrist S. The financial accelerator in a quantitative business cycle framework [J]. Handbook of macroeconomics, 1999 (1): 1341 – 1393.

[104] Bernanke B, Boivin J, Eliasz P. Measuring the Effects of Monetary Policy: A Factor – Augmented Vector Autoregressive (FAVAR) Approach [R]. Working Paper, Princeton University, 2002.

[105] Blanchard O J, Kahn C M. The solution of linear difference models under rational expectations [J]. Econometrica: Journal of the Econometric Society, 1980: 1305 – 1311.

[106] Bonfim D, Soares C. Is there a risk-taking channel of monetary policy in Portugal? [C]. Economic Bulletin and Financial Stability Report Articles, 2013.

[107] Borio C, Nelson W. Monetary operations and the financial turmoil [J]. BIS Quarterly Review, 2008: 31 – 46.

[108] Borio C, Zhu H. Capital regulation, risk-taking and monetary policy:

A missing link in the transmission mechanism? [J]. Journal of Financial Stability, 2012, 8 (4): 236 – 251.

[109] Bruinshoofd A, Candelon B. Nonlinear monetary policy in Europe: Fact or myth? [J]. Economics Letters, 2005, 86 (3): 399 – 403.

[110] Bruno V, Shin H S. Capital Flows, Cross – Border Banking and Global Liquidity [R]. National Bureau of Economic Research Working Paper, 2013.

[111] Buch C M, Eickmeier S, Prieto E. In search for yield? Survey-based evidence on bank risk taking [J]. Journal of Economic Dynamics and Control, 2014 (43): 12 – 30.

[112] Calvo G A. Staggered prices in a utility-maximizing framework [J]. Journal of monetary Economics, 1983, 12 (3): 383 – 398.

[113] Calzolari G, Denicol V. Competition with exclusive contracts and market-share discounts [J]. The American Economic Review, 2013, 103 (6): 2384 – 2411.

[114] Chauvet M, Kim I. Microfoundations of Inflation Persistence in the New Keynesian Phillips Curve [M]. Social Science Electronic Publishing, 2010,

[115] Christiano L, Martin. Eichenbaum, Charles Evans. Nominal Rigidities and the Dynamic Effects of a Shock to Monetary Policy [J]. Journal of Political Economy, 2005, 113 (1): 1 – 45.

[116] Clarida R, Gertler M. The Science of Monetary Policy: A New Keynesian Perspective [J]. Social Science Electronic Publishing, 1999, 37 (4): 661 – 707.

[117] Cogley T, Primiceri G E, Sargent T J. Inflation – Gap Persistence in the U. S [J]. Social Science Electronic Publishing, 2008, 2 (1): 43 – 69.

[118] Cover J P. Asymmetric effects of positive and negative money-supply shocks [J]. The Quarterly Journal of Economics, 1992, 107 (4): 1261 – 1282.

[119] Del Giovane P, Eramo G, Nobili A. Disentangling demand and supply in credit developments: A survey-based analysis for Italy [J]. J Bank Financ, 2011, 35 (10): 2719 – 2732.

[120] Delis M D, Kouretas G P. Interest rates and bank risk-taking [J].

Journal of Bank and Finance, 2011, 35 (4): 840 – 855.

[121] Delis M D, Kouretas G P. Interest rates and bank risk-taking [J]. General Information, 2010, 35 (4): 840 – 855.

[122] Dell'ariccia G, Marquez R. Risk and the corporate structure of banks [J]. The Journal of Finance, 2010, 65 (3): 1075 – 1096.

[123] Dempster A P, Laird N M, Rubin D B. Maximum likelihood from incomplete data via the EM algorithm [J]. Journal of the Royal statistical Society, 1977, 39 (1): 1 – 38.

[124] Diamond D W, Rajan R. The credit crisis: Conjectures about causes and remedies [J]. American Economic Review, 2009, 99 (2): 606 – 610.

[125] Dib A. Banks, credit market frictions, and business cycles [R]. Bank of Canada Working Paper, 2010.

[126] Eickmeier S, Lemke W, Marcellino M. Classical time-varying FAVAR models – Estimation, forecasting and structural analysis [M]. Discussion Paper Series 1: Economic Studies, 2011.

[127] Fair R C. Estimates of the Effectiveness of Monetary Policy [J]. Journal of Money Credit & Banking, 2001, 37 (4): 645 – 660.

[128] Friedman M. The Role of Monetary Policy [J]. The American Economic Review, 1968 (58): 102 – 110.

[129] Fuhrer J C. Habit Formation in Consumption and Its Implications for Monetary – Policy ModelsHabit Formation in Consumption and Its Implications for Monetary – Policy Models [J]. Am Econ Rev, 2000 (3): 367 – 390.

[130] Gale F A D. Understanding Financial Crises [R]. OUP Catalogue, Working Paper, 2007.

[131] Garcia R, Schaller H. Are the Effects of Monetary Policy Asymmetric? [J]. Economic Inquiry, 1999, 40 (1): 102 – 119.

[132] Gertler M, Karadi P. A model of unconventional monetary policy [J]. Journal of monetary Economics, 2011, 58 (1): 17 – 34.

[133] Giovanni D A, Marquez R, Laeven L: Monetary Policy, Leverage, and Bank Risk – Taking [R]. International Monetary Fund Working Paper, 2010.

[134] Giri F. Does Interbank Market Matter for Business Cycle Fluctuation? An Estimated DSGE Model with Financial Frictions for the Euro Area [R]. Working Paper, 2014.

[135] GOODHART C, HOFMANN B. Asset prices, financial conditions, and the transmission of monetary policy [R]. Working Paper, 2001.

[136] Ha J, So I. Influence of the Banks'Money Mediation Behavior on the Monetary Policy: A Study of Korean Case [J]. Global Economic Review, 2013, 42 (4): 396 – 424.

[137] Hafstead M, Smith J. Financial shocks, bank intermediation, and monetary policy in a DSGE model [R]. Unpublished Manucript, 2012.

[138] Hamilton J D. Regime-switching models [J]. The new palgrave dictionary of economics, 2008.

[139] Hansen L P, Sargent T J. Wanting robustness in macroeconomics [R]. Manuscript, Department of Economics, Stanford University Website: www. stanford. edu/sargent, 2000.

[140] Hasan I, Siddique A, Sun X. Capital Adequacy Revisited: What banks report versus what markets say [R]. Working Paper, 2009.

[141] Hilberg B, Hollmayr J. Asset prices, collateral and unconventional monetary policy in a DSGE model [R]. Working Paper, SSRN, 2011.

[142] Holmes M J, Wang P. Do Monetary Shocks Exert Nonlinear Real Effects On UK Industrial Production? [J]. Economia Internazionale, 2000, 55 (3): 351 – 364.

[143] Im K S, Pesaran M H, Shin Y. Testing for unit roots in heterogeneous panels [J]. Journal of econometrics, 2003, 115 (1): 53 – 74.

[144] Jermann U, Quadrini V. Erratum. Macroeconomic effects of financial shocks [J]. The American Economic Review, 2012, 102 (2): 1186 – 1196.

[145] Karras G. Are the Output Effects of Monetary Policy Asymmetric? Evidence from a Sample of European Countries [J]. Oxford Bulletin of Economics & Statistics, 1996, 58 (2): 267 – 278.

[146] Kasuya M. Regime-switching approach to monetary policy effects [J].

Applied Economics, 2005, 37 (3): 307 - 326.

[147] Keeley M C. Deposit Insurance, Risk, and Market Power in Banking [J]. Am Econ Rev, 1990, 80 (5): 1183 - 1200.

[148] Keynes J M. The general theory of employment, money and interest [M]. The Collected Writings, 1936.

[149] Koivu. Has the Chinese economy become more sensitive to interest rates? Studying credit demand in China [J]. Social Science Electronic Publishing, 2009, 20 (3): 455 - 470.

[150] Lopez M, Tenjo F, Z Rate H. The Risk - Taking Channel and Monetary Transmission Mechanism in Colombia [J]. general information, 2011, 29 (SPE64): 212 - 234.

[151] Mccallum B T, Nelson E. An optimizing IS - LM specification for monetary policy and business cycle analysis [J]. Journal of Money Credit & Banking, 1999, 31 (3): 296 - 316.

[152] Ming C L, Piger J M. Is the Response of Output to Monetary Policy Asymmetric? Evidence from a Regime - Switching Coefficients Model [J]. Jeremy Piger, 2001, 37 (5): 865 - 886.

[153] Mussa A S. A moderating pace of global recovery [R]. Working Paper, 2010.

[154] Nakajima J, Kasuya M, Watanabe T. Bayesian analysis of time-varying parameter vector autoregressive model for the Japanese economy and monetary policy [J]. Journal of the Japanese and International Economies, 2011, 25 (3): 225 - 245.

[155] Okina K, Shirakawa M, Shiratsuka S. The Asset Price Bubble and Monetary Policy: Japan's Experience in the Late 1980s and the Lessons [J]. Monetary and Economic Studies, 2001, 19 (1): 395 - 450.

[156] Paligorova T, Santos J A. Does banks' wholesale funding lead to short-term lending? [R]. Working Paper, 2013.

[157] Paligorova T, Sierra J. Monetary policy and the risk-taking channel: Insights from the lending behaviour of banks [J]. Bank of Canada Review, 2012,

2012 （Autumn）： 23 – 30.

[158] Primiceri G E. Time varying structural vector autoregressions and monetary policy [J]. Rev Econ Stud, 2005, 72 (3)： 821 – 852.

[159] Rafiq M S, Mallick S K. The effect of monetary policy on output in EMU3： A sign restriction approach [J]. Journal of Macroeconomics, 2008, 30 (4)： 1756 – 1791.

[160] Rajan R G. Has finance made the world riskier? [J]. European Financial Management, 2006, 12 (4)： 499 – 533.

[161] Roberta F, Simonetta L. On the interaction between market and credit risk： A factor-augmented vector [R]. Working Paper, 2008.

[162] Rotemberg J J. Monopolistic Price Adjustment and Aggregate Output [J]. Rev Econ Stud, 1982, 49 (4)： 517 – 531.

[163] Schorfheide F. Loss function – based evaluation of DSGE models [J]. Journal of Applied Econometrics, 2000, 15 (6)： 645 – 670.

[164] Sensier M, Osborn D R, Ouml, et al. Asymmetric Interest Rate Effects for the UK Real Economy [J]. Denise Osborn, 2002, 64 (4)： 315 – 339.

[165] Simo – Kengne B D, Balcilar M, Gupta R, et al. Is the relationship between monetary policy and house prices asymmetric across bull and bear markets in South Africa? Evidence from a Markov-switching vector autoregressive model [J]. Economic Modelling, 2013 (32)： 161 – 171.

[166] Smith A F M, Roberts G O. Bayesian computation via the Gibbs sampler and related Markov chain Monte Carlo methods [J]. Journal of the Royal Statictics Society, 1993, 55 (1)： 3 – 23.

[167] Stock J H, Watson M W. Implications of Dynamic Factor Models for VAR Analysis [R]. National Bureau of Economic Research Working Paper, 2005.

[168] Taylor J B. Discretion versus policy rules in practice [J]. Carnegie – Rochester conference series on public policy, 1993, 39 (1)： 195 – 214.

[169] Taylor J B. The financial crisis and the policy responses： An Empirical Analysis of What Went Wrong [R]. National Bureau of Economic Research Work-

ing Paper, 2009.

[170] Taylor J B. The monetary transmission mechanism: An empirical framework [J]. The Journal of Economic Perspectives, 1995: 11 – 26.

[171] Thakor A V. Capital Requirements, Monetary Policy, and Aggregate Bank Lending: Theory and Empirical Evidence [J]. Journal of Finance, 1996, 51 (1): 279 – 324.

[172] Tobin J. A general equilibrium approach to monetary theory [J]. Journal of money, credit and banking, 1969, 1 (1): 15 – 29.

[173] Woodford M. Is an Undervalued Currency the Key to Economic Growth? [R]. Working Paper, 2009.

[174] Zagaglia P. Forecasting with a DSGE model of the term structure of interest rates: The role of the feedback [R]. Research Papers in Economics, 2009.

[175] Zakir N, Malik W S. Are the effects of monetary policy on output asymmetric in Pakistan? [J]. Economic Modelling, 2013 (32): 1 – 9.

[176] Zhang W. China's monetary policy: Quantity versus price rules [J]. Journal of Macroeconomics, 2009, 31 (3): 473 – 484.